BEI GRIN MACHT SICH IHR WISSEN BEZAHLT

AF150238

- Wir veröffentlichen Ihre Hausarbeit,
  Bachelor- und Masterarbeit

- Ihr eigenes eBook und Buch -
  weltweit in allen wichtigen Shops

- Verdienen Sie an jedem Verkauf

Jetzt bei www.GRIN.com hochladen und kostenlos publizieren

Michaela Sankowsky

Good Governance

GRIN Verlag

Bibliografische Information der Deutschen Nationalbibliothek:

Die Deutsche Bibliothek verzeichnet diese Publikation in der Deutschen National-
bibliografie; detaillierte bibliografische Daten sind im Internet über http://dnb.d-
nb.de/ abrufbar.

Dieses Werk sowie alle darin enthaltenen einzelnen Beiträge und Abbildungen
sind urheberrechtlich geschützt. Jede Verwertung, die nicht ausdrücklich vom
Urheberrechtsschutz zugelassen ist, bedarf der vorherigen Zustimmung des Verla-
ges. Das gilt insbesondere für Vervielfältigungen, Bearbeitungen, Übersetzungen,
Mikroverfilmungen, Auswertungen durch Datenbanken und für die Einspeicherung
und Verarbeitung in elektronische Systeme. Alle Rechte, auch die des auszugsweisen
Nachdrucks, der fotomechanischen Wiedergabe (einschließlich Mikrokopie) sowie
der Auswertung durch Datenbanken oder ähnliche Einrichtungen, vorbehalten.

Impressum:

Copyright © 2012 GRIN Verlag GmbH
Druck und Bindung: Books on Demand GmbH, Norderstedt Germany
ISBN: 978-3-656-72721-7

Dieses Buch bei GRIN:

http://www.grin.com/de/e-book/279194/good-governance

GRIN - Your knowledge has value

Der GRIN Verlag publiziert seit 1998 wissenschaftliche Arbeiten von Studenten, Hochschullehrern und anderen Akademikern als eBook und gedrucktes Buch. Die Verlagswebsite www.grin.com ist die ideale Plattform zur Veröffentlichung von Hausarbeiten, Abschlussarbeiten, wissenschaftlichen Aufsätzen, Dissertationen und Fachbüchern.

Besuchen Sie uns im Internet:

http://www.grin.com/

http://www.facebook.com/grincom

http://www.twitter.com/grin_com

Good Governance

I Konzepte von Good Governance

Adam, Markus: Die Enstehung des Governance-Konzepts bei Weltbank und UN. Die EZ wird politischer
Suche nach neuen Erklärungsmustern
Seit 90er Jahre steht Governance im Mittelpunkt der Diskussion um Reformen und Strukturanpassungsprogramme in Entwicklungsländern
Grund: Negative Ergebnisse bei Finanzierung von Anpassungsmaßnahmen durch internationalen Finanz- und Entwicklungsinstitutionen
Governance-Defizite wurden als Barrieren für entwicklungsförderliche Politik diagnostiziert → Schlüsselvariable für Erklärung von ausbleibenden Anpassungsleistungen in Entwicklungsländern
Ist neuer Trend: In 80er Jahren wurden politische Faktoren bei Erklärung enttäuschender Politik- und Reform-Ergebnisse völlig ausgeblendet
Hauptaugenmerk verlagerte sich von Politikinhalten auf deren Umfeld (politisches Gemeinwesen)
Governance-Themen: Institutionenbildung und -ausgestaltung, Aufbau und Transparenz von Entscheidungsverfahren, Repräsentation von Interessen und Konfliktschlichtung, Grenzen der Machtausübung, Verantwortlichkeit der politischen Führung
Positive ökonomische Entwicklungen wird als Folge der „guten" Institutionen und Prozesse gesehen

Governance-Begriff der Weltbank
1. „Governance" fand er erst mit 1989 veröffentlichten Afrikastudie der Weltbank, die den Ausgangspunkt der Governance-Debatte darstellt, Bedeutung
Afrikastudie: Weltbank analysierte ökonomische Entwicklungskrise der afrikanischen Länder südlich der Sahara und konstatierte „crisis of governance", welche den Regierungen der Entwicklungsländer zuzuschreiben sei
Faktoren: Mangelnde Trennung von privatem und öffentlichem Sektor, schwaches öffentliches Management, unzuverlässiges Rechtssystem, willkürliche Entscheidungen, Korruption und Rentendenken der Staatseliten
„Governance" wurde von Weltbank durch sehr umfassenden Katalog normativer Reformziele ausgefüllt → Positive Strategie: „Good Governance"

<u>Vier Bereiche von Governance (Good Governance-Begriff der Weltbank)</u>
„Public Sector Management": Ziel ist Leistungssteigerung und verbesserter Steuerung im öffentlichen Sektor
Verantwortlichkeit als Festlegung von Zuständigkeiten und Rechenschaftspflichten, bei Kontrolle von öffentlichen Verwaltungen und Förderung der kommunalen Selbstverwaltung
Verbesserung der rechtlichen Rahmenbedingungen für Entwicklung (rule of law)
Transparenz des öffentlichen Sektors: Zugang zu Informationen sichern, Verfügbarkeit und Verlässlichkeit von Marktinformationen auch zum Abbau von Transaktionskosten verbessern, Transparenz als Mittel zur Korruptionsbekämpfung und als Voraussetzung für Akzeptanz von politischen Entscheidungen durch Bürger zu schaffen

<u>Definition Governance der Weltbank</u>
„The manner in which power is exercised in the management of a country's economic and social recources for development"
Drei Bereiche werden unterschieden:
1. Form des politischen Systems
Verfahren, durch welches (staatliche) Autorität wahrgenommen wird fürManagement der ökonomischen und sozialen Ressourcen zugunsten der Entwicklung eines Landes
Kapazität der Regierungen für Gestaltung, Formulierung und Implementierung von Politiken und die Erfüllung von Aufgaben

Governance-Begriff bei UNDP und OECD
Entwicklungsprogramm der Vereinten Nationen (UNDP) orientiert sich an Weltbankdefinition, fasst den Begriff aber deutlich breiter
Definition: Governance als Ausübung politischer, wirtschaftlicher und administrativer Autorität für Steuerung (Management) aller nationalen Angelegenheiten (Mechanismen, Verfahren, Beziehungen und Institutionen, durch die Bürger Interessen artikulieren, Rechte und Pflichten wahrnehmen und Konflikte beilegen)

<u>UNDP unterscheidet vier Typen von Governance</u>
1. „Economic governance": Entscheidungsverfahren, die direkt oder indirekt wirtschaftlichen Aktivitäten eines Landes oder seine Beziehungen mit anderen Ökonomien beeinflussen
„Political governance": Form der Entscheidungsfindung und Politikgestaltung innerhalb eines legitimen und verlässlichen Staatswesens
„Administrative governance": System der Politikimplementierung durch effizienten, unabhängigen, verantwortlichen und transparenten öffentlichen Sektor
„Systemic governance": Summe der Verfahren und Strukturen, die in einer Gesellschaft die politischen und sozio-ökonomischen Interaktionen so ausrichten, dass sie die kulturellen und religiösen Überzeugungen und Werte schützen und ein Umfeld schaffen um Verbesserung der Lebensbedingungen aller Menschen zu erreichen
→ Governance umfasst demnach Staat, Markt und Zivilgesellschaft
→ Begriff Governance kommt ohne konkrete Festlegung der Verankerung politischer Macht und Autorität in formellen Institutionen des Staates aus (Vorteil: Bei Analyse traditioneller Gesellschaftsformen in Entwicklungsländern werden nicht westlich orientierte Normen als Maßstab genommen)

- Development Assistance Committee (DAC) der OECD: Breite Auslegung des Governance-Begriffs in Anlehnung an Weltbank-Definition umfasst einerseits Rolle der staatlichen Gewalt bei Herstellung stabiler Rahmenbedingungen für wirtschaftliche Akteure, andererseits auch Ausgestaltung der Beziehungen zwischen Regierenden und Regierten
- DAC unterscheidet ähnlich wie Weltbank das politische System, Wahrnehmung staatlicher Autorität und Regierungskapazität als drei Aspekte von Governance

Ein neues Leitbild
- Governance-Leitbild: Ein auf Kernfunktionen beschränkter, entwicklungsorientierter, effizienter und effektiver Staat, der mit privatwirtschaftlichen und zivilgesellschaftlichen Sektor interagiert und kooperiert → „Good Governance" ist Maxime für Reform des öffentlichen Sektors
- Bedeutung für bilaterale deutsche Entwicklungszusammenarbeit: Versuchen, an inhaltlicher Ausgestaltung und Operationalisierung von Governance-Themen mitzuwirken
- Nicht auf „weniger Staat", sondern auf „leistungsfähigen Staat" konzentrieren (günstige Rahmenbedingungen für Entwicklung schaffen, Kapazitäten für effizientes Entwicklungsmanagement aufbauen) → Bilaterale deutsche EZ muss sich intensiv mit Staats- und Verwaltungsreformen auseinander setzen

International Monetary Fund: Good Governance. The IMF's Role
Die Rolle des IMF in der Governance-Diskussion nahm stetig zu, je mehr über die direkte Verbindung von guten Governance-Strukturen und ökonomischem Wachstum bekannt wurde
Good Governance sollte über verschiedene Kanäle in den Mitgliedstaaten ankommen:
Mitgliedstaaten sollen Strukturen aufbauen um Rent-seeking, Klientelismus, etc. zu vermeiden
Mitgliedstaaten bekommen Unterstützung des IMF um den öffentlichen Sektor und effektive Entscheidungsstrukturen aufzubauen
IMF propagiert Transparenz bei finanziellen Transaktionen der Regierung und unterstützt im Aufbau der Erhebung von statistischen Daten

Richtlinien des IWF
Umfangreichere Befassung von Governance-Themen innerhalb des IWF-Wirkungskreises
Proaktiverer Ansatz beim Aufbau von Institutionen, die die Möglichkeiten von Rent-seeking und Klientelismus verhindern sollen
Gerechte Behandlung von Governance-Themen in allen Mitgliedstaaten, Kooperation mit anderen multinationalen Organisationen (Weltbank) um vorhandenes Expertenwissen besser nutzen zu können

Orientierung für IMF-Beteiligung
Verantwortung für Governance liegt innerhalb der nationalen Institutionen
IMF ist an erster Stelle mit ökonomischer Stabilität Wachstum befasst, deshalb sollte die IWF-Beteiligung sich auf ökonomische Aspekte von Governance beschränken (technische Unterstützung nur bei Verbesserung des öffentlichen Sektors oder administrativer Strukturen sowie bei Unterstützung der Entwicklung eines stabilen ökonomischen und regulativen Umfelds um effizienten privaten Sektor zu gewährleisten)
IMF sollte nicht anstelle eines Mitgliedstaates aktiv werden und seine politische Einstellung oder Verhalten beeinflussen → sollte nur im Blick behalten, zu was die Mitgliedstaaten in der Lage sind oder nicht

Kriterien für IWF-Beteiligung
IWF-Funktion erlaubt nur beratende Funktion (kein investigativer Eingriff) →IWF-Mitarbeiter sollten Governance-Empfehlungen nur auf Basis ökonomischer Überlegungen aussprechen
Ausschlaggebend für Beteiligung sollte sein, inwiefern schlechte Governance-Strukturen Einfluss auf ökonomische Situation des Landes haben sowie die Governance-Eignung um nachhaltige Entwicklung zu fördern
Art von IWF-Beteiligung hat Einfluss auf die Weise, wie Bedenken an Governance-Strukturen innerhalb eines Mitgliedstaates an die jeweiligen Staaten formuliert werden
Größter IWF-Beitrag zur Governance-Verbesserung geht über institutionelle Reformen um Strukturen von Bad Governance abzubauen und über Stärkung von Institutionen und öffentliche Verwaltung in den Mitgliedstaaten
Technische Unterstützungsprogramme unterstützen bei Verbesserung ökonomischer Aspekte von Governance
Mehr Transparenz in ökonomischer Politik kann helfen den privaten Sektor zu stärken
Andere multinationale Organisationen verfolgen andere Governance-Interessen, deshalb sollten die Richtlinien des IWF immer unabhängig formuliert werden
Auch dort wo Geberländer wegen prekärer politischer Situation des Landes ihre finanzielle Unterstützung einstellen, sollte IWF eine unabhängige Meinung behalten
IWF-Geschäftsführung wird regelmäßig zu Governance-Themen in Mitgliedstaaten informiert

UNDP: Reconceptualising Governance
Konzepte für Governance und nachhaltige Entwicklung
Ziel von Governace-Initiativen: Kapazitäten schaffen für Entwicklung von armen, benachteiligten Frauen, Schutz der Umwelt und Möglichkeiten schaffen für Arbeit und Lebensunterhalt aller
1995: UNDP beschäftigt sich mit Managament des öffentlichen Sektors, Governance und nachhaltiger Entwicklung und wie Verbesserungen in der Verwaltung Einfluss auf nachhaltige Entwicklungsarbeit haben (Zentrale These: Auffassung von Governance sollte für jedes Land individuell bestimmt werden je nach nationaler Situation)
Zu lang wurde die Art und Weise von Entwicklungspolitik von Ideologien der reichen Länder geprägt
Drei Aspekte wurden im UNDP-Veröffentlichung von 1995 weggelassen:
Es wurde nicht der These widersprochen, dass ökonomisches Wachstum das Allheilmittel für Entwicklungsprobleme ist
Studie zeigte ein unvollständiges Bild der großen Governance-Bereiche auf
Faktoren um Governance-Strukturen zu ändern, wurden nicht vollständig diskutiert (wie Einflüsse von Globalisierung und Umweltzerstörung)

→ Ziele der Studie war es, ein breiteres Bild von Governance zu zeichnen (inkl. Staat, Privatwirtschaft, Zivilgesellschaft) und zu diskutieren, wie dies nachhaltige Entwicklung fördern kann

Was ist nachhaltige Entwicklung?
Definition Brundtland-Kommission (1987): Bedürfnisse der heutigen Generation erfüllen ohne die der zukünftigen Generationen einzuschränken
Nachhaltige Entwicklung ist für Menschen, Arbeit und Umwelt → Reduzierung der Armut, Aufbau von Arbeitsplätzen, soziale Integration, Umweltschutz, Verbesserung des Status der Frauen → wirtschaftliche Entwicklung in Balance mit Umweltschutz
Soziale und ökologische Auswirkungen von ungesteuerter wirtschaftlicher Entwicklung müssen kritisch betrachtet werden → höheres Einkommen (bei gleichzeitiger Umweltzerstörung) bedeutet nicht gleich eine höhere Lebensqualität
GDP-Messungen zeigen oft verzerrtes Bild weil soziale und ökologische Auswirkungen von wirtschaftlichem Wachstum nicht berücksichtigt werden (kein Ausdruck von Lebensqualität der Bewohner)
Problem: Kurzfristiges Denken der Geberländer (Entwicklungshilfe ist immer Kosten, nicht Investition) → Kein Anreiz für langfristiges Engagement
Herausforderung: Indikatoren entwickeln, die Aussagen über Lebensqualität erlauben

Human Development Report 1996 misst an fünf Dimensionen:
Ermächtigung: Erweiterung der Möglichkeiten und freie Wahlen der Menschen, Möglichkeit der Teilnahme an Entscheidungen, die eigenes Leben mitbetreffen
Kooperation: Wohlbefinden der Menschen, Zusammengehörigkeitsgefühl
Gerechtigkeit: Möglichkeiten der Menschen, z.B. Zugang zu Bildung
Nachhaltigkeit: Bedürfnisse der heutigen Generation erfüllen ohne die der zukünftigen Generationen einzuschränken
Sicherheit: Sicherheit der Grundexistenz, Freiheit vor Bedrohung, Vertreibung

Definition Governance: Aufgabe der politischen, ökonomischen und öffentlichen Eliten um die Belange des Landes zu managen, komplexe Strukturen, Prozesse und Mechanismen, Institutionen und Beziehungen über die Bürger und Interessenvertretungen ihre Interessen vermitteln und Konflikte klären können
Effektive demokratische Formen von Governance beruhen auf Beteiligung der Zivilgesellschaft, Verantwortung und Transparenz
Drei Typen von Governance:
Ökonomische Governance: Prozesse der Entscheidungsfindung die direkt oder indirekt die ökonomische Situation eines Landes beeinflussen
Politische Governance: Entscheidungsfindung und Politikgestaltung eines legitimierten Staates
Administrative Governance: System aus Politikimplementierung, das durch einen effizienten, unabhängigen und verantwortungsvollen öffentlichen Sektor gewährleistet wird

Ziele von Governance: Konstruktion eines politischen Systems, das Mitbestimmung und einen Kompromiss in Bezug auf soziale und politische Ziele ermöglicht, die Rahmenbedingungen für konstruktive Zusammenarbeit mit der Privatwirtschaft schafft und zivilgesellschaftlichen Interessenvertretungen in Bezug auf soziale, kulturelle, ökologische und ökonomische Forderungen Gehör verschafft

Wie hängt Governance und nachhaltige Entwicklung zusammen?
<u>UNDP konzentriert sich auf vier Aspekte nachhaltiger Entwicklung:</u>
Reduzierung der Armut
Schaffung von Arbeitsplätzen
Umweltschutz
Stärkung der Rechte von Frauen
→ Hängen alle miteinander zusammen

Ernährung und Gesundheit, Bildung und berufliche Ausbildung sind Kernaspekte von nachhaltiger Entwicklung → Überall spielt Governance eine Rolle
Institutionen und Organisationen: Institutionen beruhen auf normativen und regulativen Strukturen und Aktivitäten, die Stabilität und Bedeutung von sozialem Verhalten besitzen (Rechtswesen, politisches System), Organisationen sind Gruppen, die ein gemeinsames Ziel verfolgen, und alleine dies nicht artikulieren könnten
Beziehung zwischen Regierung, Privatwirtschaft und Zivilgesellschaft ist essentiell um eine starke Umgebung für nachhaltige Entwicklung zu schaffen
Aufgabe Staat: Politische Rahmenbedingungen und regulative Vorgaben für Entwicklung schaffen
Aufgabe Privatwirtschaft: Voraussetzungen für ökonomisches Wachstum schaffen
Aufgabe Zivilgesellschaft: Interessenvertretungen sind Sprachrohr der Bevölkerung

Was ist Good Governance?
Legitimität, Versammlungsfreiheit, Freiheit der Meinungsäußerung, transparentes, gerechtes Rechtswesen, effiziente Verwaltung
Prozesse der Entscheidungsfindung sollten transparent ablaufen
Herausforderung der politischen Eliten besteht darin, von der Bevölkerung, der sie dienen, auch den nötigen Respekt zu bekommen

Bereiche von Governance und deren Bedeutung für nachhaltige Entwicklung
Rolle des Staates: In 1980er gab es Initiativen, die Verfügungsgewalt des Staates zu verkleinern, spielen aber wichtige Rolle bei Schaffung der institutionellen Rahmenbedingungen
Regierungen müssen Wege finden um staatliche Betriebe in marktwirtschaftliche umzuwandeln um Arbeitsplätze zu schaffen und Einkommen zu erhöhen
Erfolg dieser ökonomischen Reformen hängt von starkem politischen Rückhalt und starker Regierungskapazität ab
Schutz der Benachteiligten: Strukturelle Reformen haben auch negative Effekte für Bevölkerung, Staat muss sich auch um die armen Teile der Bevölkerung kümmern
Verbesserung der Effizienz und Reaktionsschnelle der Regierung: Verwaltung muss ehrlich, effizient und verantwortungsvoll gegenüber seinen Bürgern handeln (bessere Regierungsfähigkeit zu niedrigeren Kosten)
Stärkung der Bevölkerung und Demokratisierung des politischen Systems: Dezentralisierung unterstützt Demokratisierung weil Entscheidungen von lokalen Eliten getroffen werden (an die Bürger auch ihre Forderungen herantragen können) und nicht von einer kleinen politischen Elite im Zentrum
Außerdem sind zentralisierte Regierungen weniger effektiv bei der Schaffung von Rahmenbedingungen für ökonomische Entwicklung, dezentrale Regierungen können schneller reagieren
Schließung der Lücke zwischen Arm und Reich: Großes Problem das mit wirtschaftlichem Wachstum einher geht, Regierungen müssen dieses Ungleichgewicht bekämpfen
Stärkung der kulturellen Vielfalt und der sozialen Integration: Bevölkerung will kulturelle Identität ausleben ohne sich gesellschaftlich ausgeschlossen zu fühlen → Staat muss dies gewährleisten
Umweltschutz: Umweltschutz und wirtschaftliche Entwicklung in Einklang bringen
Geschlechtergleichheit fördern: Frauen dürfen nicht benachteiligt werden, Geschlechtergleichheit ist nur möglich mit starker politischem Zusammenhalt und radikalen Veränderungen der gesellschaftlichen Normen
Rolle der Zivilgesellschaft: Aus der Zivilgesellschaft gehen unterschiedliche Interessenvertretungen hervor, die Menschen verbinden, Möglichkeiten der Interessenartikulation schaffen und Sprachrohr der Bevölkerung sind
Interessenvertretungen können die Probleme von schlechter Marktwirtschaft zur Sprache bringen und haben starken Einfluss auf wirtschaftliche, politische und soziale Entwicklung wenn sie mit dem Staat und der Privatwirtschaft zusammen arbeiten
Rahmenbedingungen für eine starke Zivilgesellschaft:
Legislativer Rahmen der Versammlungsfreiheit garantiert

Finanzielle Unterstützung durch Steuern und Abgaben
Mechanismen über die Interessenvertretungen in Entscheidungsfindung eingeschlossen werden

Rolle der Privatwirtschaft: Unternehmen müssen flexibel handeln um im Wettbewerb bestehen zu können
Nicht nur Multis, auch kleine und mittelständische Unternehmen sind wichtig (Jobgenerator, besonders auch für Frauen und weniger Gebildete) → haben aber oft mit institutionellen Hindernissen zu kämpfen (kein Kredit,..)
Erkenntnis: Programme zur Unterstützung kleinerer Unternehmen waren nicht immer erfolgreich, lag an schlechter Umsetzung im jeweiligen Land (z.B. Mikrokredite)

BMZ: Förderung von Good Governance in der deutschen Entwicklungspolitik
Konzept leistet Beitrag zur Umsetzung der Millenniumserklärung und Erreichung der Millenniumsentwicklungsziele (MDGs) → Deutsches Angebot an Partnerländer im Rahmen der Entwicklungspolitik
Verständnis von Good Governance basiert auf Menschenrechten

Gestaltungsprinzipen bei Förderung von Good Governance:
Eigenverantwortung für Good Governance stärken
Politischen Dialog kontinuierlich und langfristig führen
Staat und Zivilgesellschaft fördern
Statt Blaupausen von lokalen Realitäten ausgehen und Governance als Schlüsselthema in allen Sektoren berücksichtigen

Warum fördert BMZ Good Governance?
Förderung von Good Governance dient Verwirklichung der Menschenrechte, welche durch Staat geachtet, geschützt und gewährleistet werden müssen (Pflichtentrias)
Konzept formuliert entwicklungspolitische Vorgaben des Bundesministeriums für wirtschaftliche Zusammenarbeit und Entwicklung (BMZ) für Förderung von Good Governance
Für staatliche Durchführungsorganisationen ist Konzept verbindlich; Nichtregierungsorganisationen und privatwirtschaftlichen Akteuren dient es als Orientierungshilfe

Verständnis von Good Governance
Im Mittelpunkt stehen Normen, Institutionen und Verfahren, die Handeln staatlicher und nichtstaatlicher sowie marktwirtschaftlicher Akteure regeln
International existiert keine einheitliche Definition von Good Governance
Leitbild beruht auf Pflichtentrias des Staates (Achtung, Schutz und Gewährleistung aller Menschenrechte)
Good Governance: Staatliche Akteure und Institutionen bemühen sich ernsthaft, Politik armutsorientiert, nachhaltig und an den MDGs ausgerichtet zu gestalten
Zentrale Elemente sind Leistungsfähigkeit und Transparenz der staatlichen Administration

BMZ-Kriterienkatalog für Bewertung der Entwicklungsorientierung:
1. Armutsorientierte und nachhaltige Politikgestaltung
2. Achtung, Schutz und Gewährleistung aller Menschenrechte
3. Demokratie und Rechtsstaatlichkeit
4. Leistungsfähigkeit und Transparenz des Staates
5. Kooperatives Verhalten in der Staatengemeinschaft

Ziele der deutschen Entwicklungspolitik:
Weltweite Armut bekämpfen
Frieden sichern und Demokratie verwirklichen
Globalisierung gerecht gestalten
Umwelt schützen

Bezüge zu internationalen Abkommen und europäischer Entwicklungspolitik
Relevant im afrikanischen Kontext ist Entwicklungsprogramm „The New Partnership for Africa's Development" (2001) (NEPAD), in dem afrikanische Staaten den „African Peer Review Mechanism" (APRM) ins Leben gerufen und Prozess der gegenseitigen Bewertung ihrer Governance-Situation initiiert haben
Revision des Cotonou-Abkommens (2002) bezieht Good Governance als fundamentalen Bestandteil der Zusammenarbeit ein und sieht Möglichkeit des Aussetzens der Zusammenarbeit, unter anderem bei schweren Korruptionsfällen, vor
Im Rahmen der europäischen Entwicklungspolitik sind der Europäische Konsensus über Entwicklungspolitik (2006) und die EU Ratsschlussfolgerungen Gleichstellung und Teilhabe – die Rolle der Frauen in der Entwicklungszusammenarbeit (2007) eine wichtige Grundlage für die Förderung von Good Governance

Gestaltungsprinzipien für die Förderung von Good Governance
Ziel der deutschen Entwicklungspolitik: Stärkung von Transparenz, Rechenschaftspflicht und Leistungsfähigkeit des Staates auf Grundlage demokratischer und rechtsstaatlicher Prinzipien

Handlungsebenen
Mehr-Ebenen-Ansatz ermöglicht, Good Governance auf allen Ebenen (auch auf der lokalen) zu fördern und kohärent umzusetzen
Bestehende Strukturen müssen berücksichtigt werden, einschließlich der Stärkung der Rechte der Zivilgesellschaft und der demokratischen Partizipation
Regionalkonzepte des BMZ verankern Förderung von Governance auf regionaler Ebene, wirken oft als Katalysator für Governance-Reformen auf kontinentaler und nationaler Ebene

Pflichtentrias: Achtung, Schutz und Gewährleistung aller Menschenrechte
Menschenrechte definieren grundlegende bürgerliche, politische, soziale, wirtschaftliche und kulturelle Rechte für Individuen
Förderansätze:
Förderung nationaler Menschenrechtsinstitutionen und Organisationen der Zivilgesellschaft sowie ihrer (regionalen) Vernetzung
Unterstützung von Gesetzesreformen zur Umsetzung internationaler Menschen Rechtsverpflichtungen auf nationaler, regionaler und lokaler Ebene
Förderung menschenrechtlich ausgerichteter Reformpolitiken für soziale Grunddienste, Ernährungssicherung
Demokratie
Grundlegende Prinzipien einer Demokratie sind eine auf freien und fairen Wahlen beruhende Repräsentation, gesellschaftliche Partizipation an politischen Entscheidungs- und Umsetzungsprozessen (auch zwischen Wahlen), sowie Rechtsstaatlichkeit und Einhaltung der Menschenrechte
Besonders benachteiligte und diskriminierte Bevölkerungsgruppen müssen gestärkt werden (empowerment) um ihnen Zugang zu politischen Entscheidungs- und Umsetzungsprozessen zu ermöglichen
Förderansätze:
Stärkung der Leistungsfähigkeit des politischen Systems
Stärkung demokratisch legitimierter Institutionen auf allen Ebenen
Förderung der institutionalisierten Beteiligung der Zivilgesellschaft in politischen Entscheidungs- und Umsetzungsprozessen

Rechtsstaatlichkeit
Recht und Gesetz bilden Rahmen für freie und geregelte Interaktion aller relevanten gesellschaftlichen Akteure und sind unabdingbar für demokratische Gesellschaften
In vielen Partnerländern existieren rechtliche Grundlagen, die zwar den Anforderungen eines demokratischen Rechtsstaats entsprechen, deren Umsetzung allerdings oftmals – auch trotz eingeleiteter Reformen – mangelhaft ist
Förderansätze:
Stärkung der Organisation des Gerichtswesens
Unterstützung der Erarbeitung, Umsetzung und Anwendung von Gesetzen unter Berücksichtigung der Menschenrechte
Förderung des Zugangs zum Recht und gegebenenfalls zu Mediation für alle Bevölkerungsgruppen

Medien
Demokratische Partizipation kann ohne Pressefreiheit, unabhängige Medien und differenzierte Medienlandschaft nicht funktionieren
Politische Einflussnahme, Zensur und wirtschaftliche Interessen verhindern Entwicklung einer lebendigen und unabhängigen Medienlandschaft
Förderansätze:
Stärkung der Unabhängigkeit freier Medien (rechtliche und finanzielle Rahmenbedingungen)
Förderung der professionellen Aus- und Fortbildung von Journalisten
Förderung des Zugangs zu Informations- und Kommunikationstechnologie im Kontext politischer Partizipation und Transparenz

Gleichberechtigung der Geschlechter
Trotz zahlreicher internationaler und regionaler Abkommen sowie Initiativen bestehen in meisten Partnerländern große Defizite in deren Umsetzung
Gleichberechtigte Integration von Frauen in Marktprozesse (Economic Empowerment of Women) stellt Potenzial für wirtschaftliche Entwicklung dar
Förderansätze:
Anpassung bestehender Rechtsnormen, Institutionen und Verwaltungspraktiken an Rechte und Interessen von Frauen und Mädchen
Unterstützung bei Entwicklung und Umsetzung nationaler Strategien und Aktionspläne zum Schutz vor Diskriminierung und anderer Menschenrechtsverletzungen an Frauen
Förderung der Überwindung von Geschlechterstereotypen durch gendersensible Bildungs- und Öffentlichkeitsarbeit

Verwaltungsreform
Öffentliche Verwaltung ist Fundament jedes demokratischen und leistungsfähigen Rechtsstaates sowie entscheidende Schnittstelle zwischen Staat und Gesellschaft
Oft können in Partnerländern politisierte, zentralistische öffentliche Verwaltungen ihre Funktionen nicht effizient wahrnehmen → arbeiten weder entwicklungsorientiert noch bürgernah und stellen durch aufwändige Regeln, langwierige Prozesse und hohe Kosten ein Entwicklungshindernis dar (begünstigt Informalität und Korruption)
Förderansätze:
Unterstützung von Reformen der Verwaltungsorganisation, des öffentlichen Dienstes und der öffentlichen Finanz- und Zollverwaltung im Interesse höherer Leistungsfähigkeit, Transparenz und Bürgerorientierung
Unterstützung der institutionellen Neuordnung von politischen Funktionen und Zuständigkeiten auf allen politischen Ebenen
Stärkung der Bevölkerungsbeteiligung und Kapazitäten zivilgesellschaftlicher Akteure durch Verankerung von Verfahren der politischen Teilhabe unter Berücksichtigung traditioneller Partizipationsmechanismen

Dezentralisierung

Dezentralisierung und Einführung lokaler Selbstverwaltung sind in vielen Partnerländern wichtiger Bestandteil politischer Reformprozesse

Dezentrale Regierungs- und Verwaltungsstrukturen ermöglichen höhere Effizienz, Transparenz und Bürgernähe, womit sie zur Demokratisierung und einer dynamischen Wirtschaftsentwicklung auf lokaler Ebene beitragen

Förderansätze:

Förderung zuständiger Institutionen und Entscheidungsträgerinnen und Entscheidungsträger bei der rechtlichen, institutionellen und administrativen Ausgestaltung von Dezentralisierungsprozessen

Stärkung von Kommunalverwaltungen zur Wahrnehmung ihrer Aufgaben

Unterstützung der Umgestaltung des Haushalts- und Finanzwesens, Fiskaldezentralisierung und kommunalem Finanzmanagement in Zusammenarbeit mit Rechnungskontrollbehörden

Good Financial Governance

Reformen der öffentlichen Finanzen leisten in unseren Partnerländern Beitrag, dass öffentliche Mittel transparenter und kompetenter bewirtschaftet sowie verantwortungsbewusster eingesetzt werden

Öffentlichen Finanzen kommt zentrale gesellschaftliche Steuerungsfunktion zu → Good Financial Governance kann dazu beitragen, Unterschiede zwischen Arm und Reich zu verringern

Mit Erhebung von Steuern ist für Regierungen Herausforderung verbunden, Mittelbedarfe zu legitimieren, Prioritäten über ihre Verwendung festzulegen und darüber Rechenschaft abzulegen

Förderansätze:

Stärkung der Rolle des öffentlichen Haushalts als zentrales Instrument zur Politiksteuerung sowie am Haushaltsprozess

Stärkung unabhängiger und funktionsfähiger externer Finanzkontrollen

Verbesserung der Eigenfinanzierungskapazitäten durch Reformen im Bereich der Einnahmenpolitik und –verwaltung einschließlich deren Verzahnung

Förderung von Ansätzen der Haushaltsaufstellung, die Auswirkungen auf relevante Zielgruppen berücksichtigen

Korruptionsbekämpfung

Korruption ist Missbrauch öffentlicher oder privater Ämter mit Ziel der Erlangung ungerechtfertigter Vorteile – für sich oder andere

Korruption verursacht Rechtsunsicherheit, führt zur Fehlallokation öffentlicher und privater Investitionen, verzerrt Wettbewerb und behindert wirtschaftliches Wachstum sowie nachhaltige Entwicklung

Untergräbt Vertrauen der Bevölkerung in den Staat

Förderansätze:

Stärkung der Verwaltung

Stärkung der Justiz

Unterstützung spezieller und sektorbezogener Antikorruptionskommissionen oder Antikorruptionseinheiten in Staatsanwaltschaften

Transparenz im Rohstoffsektor

Ressourcenreichtum kann Misswirtschaft und Korruption durch Möglichkeiten der Rentenaneignung begünstigen (Ressourcenfluch)

Höhe und Verteilung der Staatseinnahmen bleiben oft intransparent, schwache Institutionen, verfehlte Wirtschaftspolitiken und Korruption sind nur einige der Gründe, warum Einnahmen aus Förderung von Rohstoffen wenig zur Minderung von Armut beitragen

Förderansätze:

Kofinanzierung und Mitsteuerung des EITI-Multi-Geber-Fonds der Weltbank

Unterstützung der Implementierung von EITI in Partnerländern

Instrument und komparative Stärke der deutschen Entwicklungspolitik ist differenzierte Analyse der Governance-Situation sowie konfliktbezogenes Wirkungsmonitoring und der politische Dialog zwischen Regierungen

Strategische Zusammenarbeit mit multilateralen Organisationen und der EU
Nachhaltige Wirkungen der Förderung von Good Governance können nur im Ausbau der strategischen Zusammenarbeit mit multilateralen Organisationen, der EU und regionalen Organisationen erzielt werden
Bemühungen sind am nachhaltigsten, wenn effiziente Vernetzung von bi- und multilateraler EZ vor allem in den Partnerländern vor Ort erfolgt

Wirkungsprüfung und Erfolgskontrolle
Wirkungsprüfung und Erfolgskontrolle müssen an Planungs- und Haushaltszyklen der Partner ausgerichtet werden
Wirkungsprüfung von Maßnahmen zur Governance-Förderung muss berücksichtigen, dass es sich um komplexe und langwierige Reformprozesse handelt, so dass Ergebnisse nicht in kurzen Zeiträumen zu erzielen sind

Ausblick
Erfolgreiche Förderung von Good Governance begünstigt „Entwicklungsdividende", die mittel- bis langfristig zu einer Verbesserung des alltäglichen Lebens führt
Gerechte Gestaltung des Welthandels auf Grundlage von internationalen Verpflichtungen

EU: Die Governance im Rahmen des Europäischen Konsenses über die Entwicklungspolitik
In einer immer stärker globalisierten Welt mit zunehmenden Interdependenzen sind Frieden und Sicherheit stark vom politischen Willen und von Fähigkeit der Staaten und der öffentlichen Institutionen abhängig, Politik zu verfolgen, die auf Rechtsstaatlichkeit, Schutz der Menschenrechte, demokratische Governance, Beseitigung der Armut, nachhaltige Entwicklung und Verringerung der Ungleichheiten abzielt
Ziele EU- Entwicklungspolitik: Good Governance, Demokratie und Achtung der Menschenrechte
Um Millenniums-Entwicklungsziele zu verwirklichen, reichen finanzielle Mittel allein jedoch nicht aus

VERSTÄRKTES UND INNOVATIVES KONZEPT FÜR DEMOKRATISCHE GOVERNANCE
Die vielen Facetten der Governance
Vor Hintergrund der steigenden Hilfebudgets, der eingegangenen Verpflichtungen zur Gewährleistung der Wirksamkeit der internationalen Hilfe und der zunehmenden wirtschaftlichen und finanziellen Interdependenzen ist in Entwicklungsländern der Aufbau einer Governance, die Erwartungen ihrer Bürger und der internationalen Gemeinschaft gerecht wird, heutzutage ein wesentlicher Faktor
Konsens: In Entwicklungspolitik ist weit gefasstes Governance-Konzept angebracht
Demokratische Governance setzt kein institutionelles Einheitsmodell voraus, stellt aber mit Blick auf nachhaltige Entwicklung die Wahrung der Rechte aller Bürger in Vordergrund
Faktoren von demokratischer Governance: Achtung der Menschenrechte und der Grundfreiheiten, Unterstützung der Demokratisierungsprozesse und Beteiligung der Bürger an der Auswahl und Kontrolle derer, die sie regieren, Achtung der Rechtsstaatlichkeit und den Zugang aller zu einer unabhängigen Justiz, Informationszugang, Regierung, die eine transparente Verwaltung gewährleistet und gegenüber den geeigneten Institutionen und den Wählern Rechenschaft ablegt, die menschliche Sicherheit; die Steuerung der Migrationsströme, wirksame Institutionen, Zugang zur sozialen Grundversorgung, die nachhaltige Bewirtschaftung der Natur- und Energieressourcen sowie die Förderung eines tragfähigen Wirtschaftswachstums und des sozialen Zusammenhalts in einem für private Investitionen günstigen Klima

Wichtig sind auch verschiedene Ebenen der Governance (lokale, nationale und internationale Ebene)

Governance beschränkt sich nicht auf Korruptionsbekämpfung
Ursachen für Korruption sind unzulängliche Governance-Praktiken und Fehlen transparenter Verwaltungs- und Kontrollsysteme mit einer Rechenschaftspflicht
Voraussetzungen: Verstärkte Rolle der Zivilgesellschaft und der Medien, den Schutz des politischen Pluralismus und Wahlwettbewerb, transparentes System zur Finanzierung der politischen Parteien und Unterstützung der parlamentarischen Kontrolle sowie der übrigen öffentlichen und gerichtlichen Einrichtungen

Der multidimensionale Charakter der Governance in den Kooperationsprogrammen
Demokratische Governance muss ganzheitlich angegangen werden, indem alle Dimensionen (politisch, wirtschaftlich, sozial, kulturell, umweltbezogen) einbezogen werden

Eigenverantwortung, Dialog und Messung der erzielten Fortschritte
Im Dialog mit Entwicklungspartnern sind neue Möglichkeiten entstanden → in vielen Ländern besteht politischer Wille zu Veränderungen, Gebern wird Notwendigkeit bewusst, innovative und wirksamere Wege der Zusammenarbeit zu fördern (auch in „fragilen Staaten" und ihr Vorgehen stärker zu koordinieren)
Abhängigkeiten zwischen Staaten werden immer größer → Dialog über Konsequenzen und Zuständigkeiten muss stattfinden, um Auswirkungen der Politik eines Landes auf seine Partner zu ermitteln (z.B. Finanz- oder Haushaltspolitik)

Eigenverantwortung statt Konditionalität
In Beziehungen zwischen Partnerland und Gebern ist es wesentlich, dass Eigenverantwortung des ersteren für Reformprozesse respektiert wird

Dialog statt Sanktionen
Sanktionen können in gravierenden Fällen erforderlich sein, aber auch in diesen Fällen müssen anreizschaffende Modelle entwickelt werden, um ermittelte Probleme zu lösen

Bewertung der Governance
Hauptziel der Bewertung der Governance in einem Land ist nicht die Aufstellung einer Klassifizierung, sondern Identifizierung der am besten geeigneten Reformen und Unterstützungsmaßnahmen (Fortschritte in der demokratischen Governance lassen sich auch anhand nationaler und internationaler/globaler Indikatoren messen)

Ein gradueller Ansatz
Unterstützung der Governance muss auf die Situation des einzelnen Landes abgestimmt sein
In vielen Entwicklungsländern ist es wichtig, dass Diskrepanz zwischen Legalität der staatlichen Institutionen und ihrer Legitimität in den Augen der Bürger dauerhaft beseitigt wird
EU unterstützt allmähliche Einführung partizipatorischer Konzepte durch Regierungen im Zuge der Ausarbeitung ihrer Entwicklungsstrategien
Tendenz: Mehr Instrumente einsetzen, die auf Dialog und Nachfrage der Partnerländer basieren (Programmansatz / SWAP, allgemeine oder sektorale Haushaltsstützung) → eröffnet reale Chancen zur Förderung der demokratischen Governance
Regelmäßige und koordinierte Überwachung der Entwicklung der Governance-Prozesse muss sich auf Austausch von Informationen, Bewertungen und Analysen stützen, die ihrerseits die Grundlage für transparenten Dialog zwischen den Partnern über die vorrangigen Reformen bilden müssen

Ein präventives Konzept für die Fragilität der Staaten
Viele Länder müssen zunächst Voraussetzungen für Grundmaß an Stabilität und institutioneller Entwicklung schaffen, bevor sie mit Umsetzung einer langfristigen Entwicklungspolitik beginnen können
In Ländern, die Krise durchlebt haben, müssen außerdem integrierte Übergangsstrategien umgesetzt werden, die auf Wiederherstellung der institutionellen und administrativen Kapazitäten, der wesentlichen Infrastruktur und der wesentlichen sozialen Versorgungsleistungen, auf eine größere Ernährungssicherheit und auf nachhaltige Lösungen für Flüchtlinge und Vertriebene und allgemein für die Sicherheit der Bürger abzielen

Abstimmung des Vorgehens innerhalb der EU und mit den anderen internationalen Akteuren
Offener Dialog mit Ländern aufgenommen werden, in den alle Geber einbezogen werden, und Maßnahmen und Reaktionen auf prioritäre Governance-Fragen abgestimmt werden
Hilfe von außen muss sich auf nationale Prioritäten und Programme stützen und die vorhandenen nationalen oder regionalen Strukturen nutzen

GOVERNANCE-INITIATIVE: DIE AKP-LÄNDER UND DIE STRATEGIE FÜR AFRIKA
AKP-Länder: Dialog über Governance und Programmierung der Hilfe
3 Milliarden Euro für Governance
EU-Absicht: Zusätzliche finanzielle Hilfe für AKP-Länder bereitstellen, die ehrgeizigen und glaubwürdigen Plan mit konkreten Maßnahmen und Reformen verabschiedet haben oder dazu bereit sind
Zugang zu dieser Anreiz-Reserve wird von Ergebnissen eines vertieften Dialogs abhängen, den Kommission mit jedem Land über seinen Governance-Plan führen wird
Dabei wird Governance in politischer, wirtschaftlicher, institutioneller, sozialer, finanzieller, steuerlicher und justizieller Hinsicht und auf Ebene der Bewirtschaftung der natürlichen Ressourcen und der Steuerung der Migrationsströme behandelt

Sechs Schritte für Feststellung des Anspruchs auf Anreiz-Reserve und Gewährleistung der Überwachung der Ergebnisse
Bewertung der Lage und der Tendenzen auf dem Gebiet der Governance
Bewertung der Hauptschwächen
Dialog über die Programmierung und Identifizierung der wichtigsten Reformverpflichtungen der Regierung (Governance-Plan des betreffenden Landes)
Bewertung der Verpflichtungen der Regierung: Zweckdienlichkeit, Ambitionen, Glaubwürdigkeit
Entscheidung über den Anspruch auf die Anreiz-Tranche
Überwachung der Ergebnisse
AKP-Länder: Prioritäten und Programme auf dem Gebiet der Governance
Neue Bestimmungen des Cotonou-Abkommens und Regionalstrategien für Afrika, Karibik und Pazifischen Ozean werden berücksichtigt (räumen Governance wichtige Stellung ein)
Rasche Umsetzung der OECD-Standards für Transparenz und effektiven Informationsaustausch im steuerlichen Bereich und Abschaffung schädlicher Steuerpraktiken sind notwendig
Problemen wie Geldwäsche, organisierte Kriminalität und Finanzierung des Terrorismus wird besondere Aufmerksamkeit gewidmet

Afrika: Unterstützung der afrikanischen Mechanismen
Afrikanischer Peer-Review-Mechanismus (African Peer Review Mechanism - APRM) bietet echtes Potenzial für Reformanreize und für Voneinanderlernen
EU will diesen Mechanismus auf drei Ebenen besonders unterstützen:
Auf panafrikanischer Ebene: Unterstützung des Sekretariats des APRM bei seinen Überprüfungen und Missionen
Auf regionaler Ebene: Unterstützung der Einbeziehung der regionalen Organisationen in Verbreitung der Ergebnisse der Überprüfungen
Auf Ebene der Länder: Integration der Hilfe für die im Rahmen des Peer-Review-Prozesses ermittelten Reformen in die vorhandenen Kooperationsinstrumente

EU sollte bereit sein, auf Finanzierungsbedarf des APRM einzugehen und Teil seines Haushalts zu bestreiten → Zeichen für starke politische Unterstützung

Von der Gemeinschaftsebene zur europäischen Dimension
Governance-Profil auf EU-Ebene sollte gemeinsam erstellt werden und als Grundlage für gemeinsame Analyse von Governance-Fragen dienen
Finanzhilfen der EU sollen für Reformen der Governance kollektiv erhöht werden
Mehrere Formeln sind möglich:
Aufstockung der bilateralen Programme und folglich der Mittelzuweisungen pro Land in koordinierter Weise zwischen Kommission und Mitgliedstaaten
Zusätzliche Beträge (aufgrund der Erhöhung der ODA), die zu NRP hinzukämen und im Rahmen der von der Kommission verwalteten NRP ausgezahlt würden

DIALOG UND PROGRAMME IM RAHMEN DER ZUSAMMENARBEIT MIT ANDEREN LÄNDERN UND REGIONEN
Konzepte für demokratische Governance variieren je nach Regionen und hängen von jeweiligen Besonderheiten und Geschichte ihrer Beziehungen zur EU ab, sind jedoch Teil eines ganzheitlichen Ansatzes, der alle Aspekte der Governance berücksichtigt

Governance und Europäische Nachbarschaftspolitik (ENP)
Prioritäten der Partnerländer werden in gemeinsam verabschiedete Aktionspläne aufgenommen
Governance steht im Mittelpunkt dieser Pläne, die auf Folgendes abzielen:
Stärkung der Demokratie, Achtung der Menschenrechte, Rechtstaatlichkeit und Korruptionsbekämpfung
Entwicklung einer soliden Verwaltung der Wirtschaft nach Prinzipien der Marktwirtschaft und Transparenz, sowie von Politiken, die aktiv auf Förderung der nachhaltigen Entwicklung abzielen (Bekämpfung von Armut und Ungleichheit)
Einführung von Reformen auf Gebiet des Handels, Binnenmarkts und Rechtsreform, darunter in den Bereichen Wettbewerbspolitik, geistiges Eigentum, öffentliche Aufträge und Bekämpfung des Zollbetrugs
Zusammenarbeit in steuerlichen Bereich, Zusammenarbeit in Bereichen Justiz, Polizei und Grenzschutz mit dem Ziel der Bekämpfung der Steuerhinterziehung und -umgehung, der Geldwäsche und des Terrorismus
Zusammenarbeit bei Steuerung der Migrationsströme und bei Bekämpfung der illegalen Einwanderung und des Menschenhandels
Einführung sektoraler Reformen (Verkehr, Energie, Informationsgesellschaft, Umwelt) mit dem Ziel einer verbesserten Verwaltung dieser Bereiche und einer Veranlassung der Behörden zur Ablegung von Rechenschaft über ihre Entscheidungen gegenüber den Verwalteten
Herstellung von Kontakten zwischen Gemeinschaften, Entwicklung der Humanressourcen und Stärkung der Zivilgesellschaft

Umsetzung ist mit regelmäßigem Monitoring der Fortschritte verbunden, die in den verschiedenen Bereichen der Governance erzielt werden
Kommission plant im Rahmen der Europäischen Nachbarschaftspolitik eine „Governance-Fazilität", die darauf abzielen soll, die politischen und wirtschaftlichen Reformen in allen unter diese Politik fallenden Ländern zu fördern

Lateinamerika
Durch besonders krasse soziale Ungleichheiten in meisten lateinamerikanischen Ländern wird die demokratische Legitimität ausgehöhlt und wirtschaftliche Leistung dieser aufstrebenden Volkswirtschaften beeinträchtigt
Schwerpunkte der Kooperationsabkommen: Förderung der Menschenrechte, der Demokratie und der Good Governance
Kommission will in meisten lateinamerikanischen Ländern Politik der aktiven Unterstützung für Governance weiterverfolgen → Modernisierung des Staats vor allem in folgenden Berei-

chen fördern: Repräsentation aller Bürger im politischen Leben, Zusammenarbeit mit Zivilgesellschaft, Förderung des Dialogs zwischen den Sozialpartnern, Zugang zur Justiz, Stärkung
der Judikative, Ausbau der Kapazitäten des Sicherheitssektors und Bindung dieses Sektors
an den Rechtsstaat, Dezentralisierung und Good Governance, verantwortungsvolle Bewirtschaftung der natürlichen Ressourcen, Bekämpfung von Korruption und Straflosigkeit

Asien
Asien ist von einer großen politischen wie wirtschaftlichen und sozialen wie kulturellen Vielfalt geprägt, die sich in den sehr differenzierten Beziehungen zur EU widerspiegelt
Ziele: Unterstützung der Demokratie, der Good Governance und der Menschenrechte Instrumente: Politischer Dialog und andere politische Initiativen zur Förderung der Menschenrechte
Mit südostasiatischen Ländern hat EU Dialog auf regionaler Ebene eingeführt: Governance
ist Gegenstand der Zusammenarbeit mit regionalen Einrichtungen und des informellen Dialogs der ASEM (Asien-Europa-Treffen)
Governance wird Querschnittsthema bei allen Kooperationsmaßnahmen in asiatischen Ländern sein
Verlagerung auf allgemeine oder sektorale Haushaltsstützungsprogramme entwickelt sich zu
Mittel für Stärkung der Governance und Einrichtungen auf zentraler und dezentraler Ebene in
den Ländern Asiens, einschließlich Zentralasiens
Da es in der Region mehrere „schwierige Partnerschaften" gibt, spielen thematische Instrumente (vor allem die EIDHR), die ohne Zustimmung der Regierungen genutzt werden können, wichtige Rolle bei Unterstützung der Initiativen der Zivilgesellschaft zur Förderung der
Demokratisierung und der Menschenrechte

Schlussfolgerung:
Grundsätze der EU zur Entwicklungszusammenarbeit:
Governance und Kapazitätsaufbau müssen zwar strategische Stellung auf Agenda der Entwicklungszusammenarbeit einnehmen, prioritäre Zielsetzungen der EU-Entwicklungspolitik
bleiben jedoch Armutsminderung und übrige Millenniums-Entwicklungsziele
EU stützt sich bei ihrem Konzept auf breit gefasste Definition der Governance, angelegt als
langfristiger Prozess
Demokratische Governance fördert Rechte aller Bürger und lässt sich nicht allein auf Korruptionsbekämpfung reduzieren
Demokratische Governance muss ganzheitlich angegangen werden, indem alle Dimensionen (politisch, wirtschaftlich, sozial, kulturell, umweltbezogen) einbezogen werden
Demokratische Governance-Prozesse können durch Dialog wirksamer als durch Sanktionen
und Konditionalitäten unterstützt werden
Eigenverantwortung der Partnerländer für Reformen und ein auf Dialog gegründeter Ansatz,
der sowohl die Unterstützung des Kapazitätsaufbaus als auch Prävention der Fragilität der
Staaten umfasst, werden die demokratischen Governance-Prozesse stärken und zur Legiti-
mierung der Institutionen gegenüber den Bürgern beitragen

Vorgeschlagene Vorgehensweise:
Dialog mit Partnerländern über Reformen der Governance sollte von Kommission und den
Mitgliedstaaten gemeinsam geführt werden
Mit Initiative „Governance für die AKP-Länder und Afrika" schafft EU neuen Anreizmecha-
nismus, der es den Partnerländern ermöglichen wird, nach Maßgabe ihrer Verpflichtungen
im Governance-Bereich zusätzliche Mittel in Anspruch zu nehmen (Anreiz-Reserve von 3
Mrd. EUR wird gebildet)

**Diskussion des Konzeptes: Conzelmann: Auf der Suche nach einem Phänomen. Good
Governance in der EU-Politk**
Seit 1990er Jahre ist „Good Governance" Trend in Entwicklungspolitik
 Wird davon ausgegangen, dass Good Governance entweder Vorbedingung oder Produkt
eines erfolgreichen und sich selbst tragenden Entwicklungsprozesses ist

Besteht allerdings keine Einigkeit über genauen Inhalt des Konzepts (unklare Abgrenzung des Begriffsinhalts und unscharfes Verständnis von Kausalzusammenhängen)
Frage, welche inhaltliche Konkretisierung „Good Governance" im Rahmen der europäischen Entwicklungszusammenarbeit mit den Staaten Afrikas, Karibik und Pazifiks (AKP-Staaten) erfährt und in welcher Weise Good Governance zu einem operationellen Konzept gemacht wird
Governance bezogene Konditionierung der Entwicklungshilfe steht in offensichtlichem Spannungsverhältnis mit bisheriger Form der Nord-Süd-Zusammenarbeit → AKP-Staaten widersetzten sich Aufnahme von Good Governance in das 2000 abgeschlossene Lomé-Folgeabkommen (Abkommen von Cotonou) wegen unbestimmtem Charakter des Begriffs

Good Governance in der Weltbank und im DAC
Zwei Diskussionsstränge von Good Governance:
Eine eher auf wirtschaftliche und administrative Prozesse und Strukturen abstellende Definition der „verantwortungsvollen Regierungsführung" (vor allem bei Weltbankgruppe)
Eine Definition, die mit Good Governance sehr viel stärker Fragen der partizipativen Entwicklung und der politischen und gesellschaftlichen Strukturen verbindet (vor allem OECD)

Governance-Diskussion der Weltbank ist stärker auf makroökonomische Aspekte der „guten Regierungsführung" sowie speziell auf Rolle des Staates im Management von Entwicklungsprozessen und in Bereitstellung eines sicheren institutionellen Umfelds für wirtschaftliche Tätigkeit fokussiert
Governance-Diskussion der OECD (bzw. des zuständigen Fachausschusses DAC (Development Assistance Committee)) konzentriert sich vor allem auf das institutionelle, politische und administrative Umfeld von Entwicklung
Governance-Definition des DAC ist mit Einschluss der „Beziehung zwischen Herrschern und Herrschaftsunterworfenen" und der nicht relativierten Einbeziehung der Regimeform in Definition von Governance breiter als die der Weltbank

5 Kernbereiche des DAC, in denen Ziel einer verbesserten Regierungsführung deutlich wird:
Reform des Rechtssystems und Justizreform
Dezentralisierung und lokale Demokratie
Förderung der Menschenrechte
Partizipative Entwicklung und Zivilgesellschaft
Koordinierung mit anderen Gebern im Rahmen der Konsultativgruppen der Weltbank bzw. der Round Tables des UNDP

Gibt keine international anerkannte Definition von Good Governance, wie breit ihr Einzugsbereich zu schneiden ist (partizipative Entwicklung, Demokratie, Menschenrechte) und welche Ursachen- und Wirkungs-Zusammenhänge zwischen den einzelnen, als relevant betrachteten Elementen bestehen
Gibt zwar geteilte Auffassung, dass Good Governance als grundsätzliches Ziel oder Mittel des Entwicklungsprozesses bedeutsam ist, aber keine Einigkeit hinsichtlich des Zusammenhangs zwischen Fragen der Regierungsführung und Entwicklungsprozessen
Frage ist, wie EU Konzept der verantwortungsvollen Regierungsführung in eigenen Politiken übersetzen und welcher spezifischen Ausdeutung von Good Governance sie dabei folgen sollte (bei inhaltlicher Unbestimmtheit der Good-Governance-Agenda)

Diskussion um „Good Governance" in der EU
<u>Inhaltliche Ausdeutung</u>
Governance-Thematik wurde von EU relativ früh aufgegriffen (1991)
Konkretisiertes und auch deutlich enger als 1991 geschnittenes, Verständnis von Good Governance fand erst 1995 Eingang in das revidierte Lomé-IV-Abkommen → Im Vertragstext wird Good Governance nicht mehr als allgemeiner Oberbegriff verwendet, sondern als eines von mehreren Zielen des Entwicklungsprozesses

Begriffliche Abtrennung von Rechtsstaatlichkeit, Demokratie und Menschenrechten erlaubte Ausweisung von Good Governance als einem „nicht wesentlichen" Element des Vertrags, was auch für AKP-Staaten akzeptabel war

Als Reaktion auf Kritik der AKP-Staaten am schwammigen Begriffsinhalt von Good Governance unternahm Kommission 1998 Versuch einer näheren inhaltlichen Bestimmung → erwies sich in Verhandlungen mit AKP-Staaten zu Revision des Lomé-Abkommens aber auch als problematisch

AKP-Staaten lehnten Aufnahme einer Governance-Klausel ab (Grund: Gibt weder präzise Definition des Konzepts selbst noch von Standards zu seiner Messung gibt und verwiesen auf Gefahr einer willkürlichen Verwendung des Prinzips durch EU)

In Verhandlungen wurde Kompromisslösung beschlossen, durch die zusätzlich zu den bereits seit 1995 vereinbarten wesentlichen Elementen der Lomé-Abkommen (Beachtung von Demokratie und Menschenrechten, Rechtsstaatlichkeit) verantwortungsvolle Regierungsführung als „fundamentales" Element und lediglich Freiheit von Korruption als neues „wesentliches" Element aufgenommen wurde

Fazit: Im Verlauf von 10 Jahren gab es zunehmende Präzisierung und Einengung des Konzepts

Governance-Deutung der EU hebt sich deutlich von den im Rahmen der Weltbank und des DAC geführten konzeptionellen Diskussionen ab (Weltbank: Enges makroökonomisch gefasstes Verständnis, Frage der Koordination einzelner Geberpolitiken und Einbindung von Good Governance in Kontext „partizipativer Entwicklung")

Bei Operationalisierung von Good Governance beschränkte sich EU fast ausschließlich auf „positiven Ansatz" (direkte Förderung von Governance bezogenen Projekten)

Durchsetzungsmechanismen

Mit Aufnahme von Good Governance als „fundamentalem Element" des neuen Cotonou-Abkommens ergibt sich zugleich prozessuale Neuerung: Operationalisierung des Konzepts muss nicht mehr nur auf Ebene einzelner Förderungsentscheidungen erfolgen, sondern kann auch im Rahmen einer stärker negativen Sanktionierung erfolgen

Folge: Zurückhaltung von Hilfsgeldern bis hin zur Suspendierung der Zusammenarbeit im Falle ernsthafter Verstöße gegen Anforderungen „verantwortungsvoller Regierungsführung"

Aber: Im Cotonou-Abkommen wurden keine eindeutigen Handlungs- oder Unterlassungsverpflichtungen der betroffenen Staaten geschaffen oder völkerrechtliche Verbindlichkeit der Beachtung von Good Governance installiert

Für praktische Anwendung und Durchsetzung von Good Governance ist Mechanismus der Zuteilung von Hilfsgeldern bedeutsamer als skizzierte Sanktionsmechanismen

Vertrag sieht vor, dass erstmals Zuteilung von Mitteln nicht mehr nur anhand der Bedürftigkeit des Landes, sondern auch anhand seiner „Performanz" in Entwicklungspolitik bestimmt wird

Im Cotonou-Abkommens wird „politischer Dialog" zwischen beiden Staatengruppen weiter gestärkt → Soll auch „regelmäßige Bewertung der Entwicklungen bei Achtung der Menschenrechte, der demokratischen Grundsätze und des Rechtsstaatsprinzips sowie der verantwortungsvollen Staatsführung" erfolgen

Fazit: Vertrag von Cotonou bietet Fülle von Ansatzpunkten für Durchsetzung von Good Governance, zugleich wandert aber Definition des Begriffs von Good Governance in Implementationsphase der Entwicklungsfinanzierung ab (Bedeutsamkeit der Präzisierung des Begriffsinhalts wird wieder abgeschwächt)

Aber: Notwendigkeit der Konkretisierung von Good Governance enthebt beteiligte Parteien nicht von Verpflichtung zur grundsätzlichen Beachtung des Maßstabs der verantwortungsvollen Regierungsführung

Aktuell wird unter Federführung der neu gegründeten EU-Hilfsagentur EuropeAid Arbeitsgruppe zu Fragen von Good Governance aufgebaut

Bewertung
EU hat in Beziehungen zu AKP-Staaten zwar formal ein vergleichsweise klares Begriffsver-
ständnis von Good Governance entwickelt, diese Klarheit wird aber in Implementationsphase
wieder verloren → Klarer Begriff verbunden mit harten Sanktionsmechanismen ist nicht vor-
zufinden
Muss aber im Hinblick auf Effektivität der Implementationsphase kein Nachteil sein
Derzeitige Situation hat Vorteil, dass Diskussion um Good Governance einen permanenten
Verwaltungsdialog initiiert, dessen Produkte nicht nur Entwicklungsstrategien, sondern auch
Heranführen der AKP-Staaten an Sinn von Good Governance sein könnten
Stärke des Modells: Betroffenen Staaten wird kein einheitliches und unilateral festgelegtes
Modell von Good Governance auferlegt, sondern Mechanismus des „Co-operative Scoping"
wurde vereinbart → Entwicklungsziele für individuelle Staaten werden gemeinsam erarbeitet
und überwacht, also kein Abschied vom „partnerschaftlichen" Modell der EU/AKP-
Zusammenarbeit
Ermöglicht AKP-Staaten, Einfluss auf vereinbarte Ziele zu nehmen und erhöht möglicher-
weise Grad der Anerkennung von Good Governance durch AKP-Staaten
Analyse macht aber auch deutlich, dass organisatorische Struktur die faktischen materiellen
Ungleichheiten nicht automatisch relativieren kann
Durch Möglichkeit der EU-Seite zur Kürzung oder Verweigerung von Hilfsgeldern werden
Verhandlungen um Entwicklungsfinanzierung im Schatten einseitiger Abhängigkeiten geführt

II Folgen von Good Governance

**Faust, Jörg: Mancur Olson (1932-1998) Warum sind manche Länder arm und andere
reich? Rolle von Institutionen und Good Governance**
Mit Hauptwerk "Aufstieg und Niedergang von Nationen" und späteren Studien ist Mancur
Olson der intellektuelle Wegbereiter des Good-Governance-Konzeptes und der Diskussion
über die Rolle der Institutionen in der Entwicklung
Entwicklung wird gehemmt durch schlechte Institutionen → Überall wo kleine Interessengruppen Macht an sich gebracht haben und dafür sorgen können, dass Mehrheit der Bevölkerung beim Verteilungskampf um Ressourcen der Gesellschaft zu kurz kommt, wird Geld
von außen nur dazu führen, dass schädlichen Strukturen weiter verfestigt werden

I. Leben
Mancur Lloyd Olson wurde am 22. Januar 1932 in Grand Forks (ND) geboren, studierte in
Oxford Volkswirtschaftslehre
1991: Direktor des von ihm mitbegründeten Center on Institutional Reform and the Informal
Sector (IRIS) an der University of Maryland (Think Tank der Entwicklungsländerforschung in
USA)
Widmet sich vor allem der Aufgabe, länderspezifische Spielregeln für Übergang in ordoliberal
geprägte Marktwirtschaft zu entwerfen
Schwerpunkte: Demokratisierung, Justizreformen, Marktregulierung, Wettbewerbspolitik,
Korruptionsbekämpfung, Sozialkapitalbildung

II. Werk: Die Rolle von Interessengruppen
"The Logic of Collective Action" (1965): Grundlage für Theorie der Organisation sozialer Interessen
In modernen und sozial ausdifferenzierten Gemeinschaften bilden sich demnach Interessengruppen, um für Mitglieder kollektive Güter zu beschaffen → Diese sind gleichsam Spielregeln der Gemeinschaft und lenken Verteilung von Ressourcen
Olson zeigt, dass Organisation gesellschaftlicher Interessen nicht symmetrisch ist, sondern
dass Sonderinteressen kleiner Gruppen sich wesentlich stärker durchsetzen als Interessen

großer Gruppen (Grund: Große Gruppen sind schwieriger zu gemeinsamem (kollektivem) Handeln zu bringen als kleine Interessengruppen)

Aufstieg und Niedergang von Nationen
"The Rise and Decline of Nations" (1982): Problem der wirtschaftlichen Sklerose, gesellschaftliche Theorie des Marktversagens
Aufstieg und Niedergang der Nationen werden durch Fähigkeit oder Unfähigkeit von Gesellschaften zu institutionellem Wandel geprägt, die sich wiederum aus Einfluss von Interessengruppen auf Politik eines Landes ergeben
Rentseeking und Lobbyismus bewirken allmählichen Niedergang der gesamtwirtschaftlichen Produktivität und Anpassungsfähigkeit (Rentseeking: Bestreben, durch Kartellabsprachen Preise künstlich hoch zu halten, um so das eigene Einkommen zu maximieren)
Dabei üben kleine und organisationsfähige Interessengruppen überproportional starken Einfluss auf Wirtschaftspolitik aus und sind erfolgreich beim Streben nach wirtschaftlichen Privilegien → Offene Märkte und nachhaltiger wirtschaftlicher Wettbewerb werden beschädigt, schleichender wirtschaftlicher Niedergang setzt ein

Die Rolle der Institutionen
Zentrale These: In allen politischen Systemen gibt es Versuche des Rentseeking
Ob sich diese durchsetzen, hänge entscheidend von politischen Spielregeln, den Institutionen des politischen Systems, ab
Zentrale Frage der gegenwärtigen Good-governance-Diskussion: Welches sind die geeigneten Spielregeln einer Gesellschaft zur Förderung wirtschaftlicher Entwicklung?

Autokratien können über gewissen Zeitraum zwar beachtliche Wachstumsraten erzielen, langfristig sind Autokratien jedoch den liberalen Demokratien aus vier Gründen unterlegen:
Rechtssicherheit in Autokratie ist begrenzt auf Verhältnis zwischen Bürgern, gilt aber nicht zwischen Bürgern und Staat. Durch Möglichkeit der willkürlichen Änderung politischer Spielregeln ist Erwartungssicherheit der Bürger geringer als in liberaler Demokratie → dort sind Eingriffsrechte der Regierenden an Gesetz gebunden und werden von unabhängiger Gerichtsbarkeit überwacht
Verschärft wird Problem der Unsicherheit in Autokratien durch schwer zu regelnde Nachfolgefrage: Werden nach Abgang des Herrschers noch die gleichen Spielregeln gelten?
Autokratische Gesellschaften sind gespalten in herrschende Verteilungskoalition und Bürger, denen nicht das gleiche Maß an Rechten zusteht. Verteilungsdisparitäten, die besonders häufig in Autokratien anzutreffen sind, beruhen darauf, dass Autokrat und seine staatlichen und gesellschaftlichen "Partner" über nicht reguliertes Monopol politischer Herrschaft verfügen.
Autokraten müssen hohe wirtschaftliche Renten an staatliche und gesellschaftliche Trägergruppen vergeben, um Herrschaftsanspruch aufrechtzuerhalten; denn Verlust des Herrschaftsanspruchs in einer Autokratie birgt im Unterschied zur Demokratie die Gefahr des dauerhaften Ausschlusses

Autokratien greifen in überproportionalem Maße auf Strategien der territorialen Erweiterung oder der externen Verschuldung zurück
Aber Olson glaubt nicht, dass Niedergang von Autokratien automatisch Siegeszug der liberalen Demokratie nach sich zieht: Niedergang einer Autokratie kann Aufstieg einer anderen zur Folge haben; oder Übergang von Autokratie zur Demokratie kann aufgrund der Persistenz alter Eliten und monopolistischer Praktiken so schwierig sein, dass junge Demokratie an Legitimation verliert
Deswegen ist es Aufgabe der Entwicklungszusammenarbeit, Spielregeln zu fördern, die auf nachhaltige Öffnung von Märkten zielen, Partizipationsmöglichkeiten erhöhen und Rentseeking von kleinen Interessengruppen erschweren

III. Wirkung

Mancur Olsons Werk wird in Ökonomie, Soziologie und Politikwissenschaft gewürdigt

Von Olson beschriebenen kleinen und organisationsfähigen Gruppen lassen sich in Entwicklungsländern leicht identifizieren (bürokratische Staatsklassen, Großgrundbesitzer), aber auch schlagkräftige Gewerkschaften werden eher von kleineren Gruppen von Arbeitnehmern in vergleichsweise fortgeschrittenen Branchen organisiert, die damit ihre Interessen im Vergleich zur breiten Masse der Arbeitnehmer besser durchzusetzen können

Olsons befürchtet, dass Märkte durch kleine Interessengruppen vermachtet werden und dadurch Verteilung ökonomischer und politischer Güter zu Lasten der Gemeinschaft gefördert wird

Wurden in 80er Jahren politische Faktoren bei Erklärung von Entwicklungsblockaden vernachlässigt und Mangel an Kapital überbewertet, so setzte mit Aufschwung der institutionenökonomischen Analyse in 90ern auch Aufwertung politischer Variablen ein

Politisches System ist nicht mehr nur Adressat, sondern stärker auch Gegenstand von Entwicklungszusammenarbeit geworden

Nanda, Ved P.: The „Good Governance" Concept Revisited

Internationale geber wie IWF oder die Weltbank tendieren dazu, Finanzhilfen an die Bedingung von Good Governance zu knüpfen

Es gibt jedoch keine allgemeingültigen Ziele von Good Governance

In der Diskussion um Schuldenerlass und Erhöhung der Entwicklungshilfe wurde Ruf nach Governance-Reformen laut mit Transparenz, Rechtssicherheit und Etablierung eines privaten Sektors (Schuldenerlass nur bei Ländern die sich an Kriterien von Good Governance halten)

Gibt aber keinen Konsens zu Kriterien um Good Governance zu messen

Historischer Hintergrund: Vor einigen Jahrzehnten starteten IWF und Weltbank verschiedene Programme um Länder in schlechter finanzieller Lage zu unterstützen

Weltbank und Good Governance

Als Voraussetzung für Entwicklungshilfe müssen die Regierungen der Entwicklungsländer Erfolge bei Umsetzung von Reformen zur Good Governance vorweisen (Bekämpfung der Korruption, Schaffung von Transparenz,...)

In Dokument von 1991 wurde externen Agenturen besondere Rolle bei Beeinflussung von Good oder Bad Governance im jeweiligen Land bescheinigt

Seit 1991 steht Good Governance fest auf der Agenda der Weltbank

Governance wird gesehen als Indikator wie Regierungen Entwicklung bei wirtschaftlichen und sozialen Ressourcen des Landes vorantreiben

Schwerpunkt der Weltbank liegt auf ökonomischer Dimension von God Governance und der Fähigkeit der Staaten, die Entwicklungshilfe effektiv einzusetzen → Fragen nach Legitimation der Regierung, demokratischer Entscheidungsfindung, Einbezug der Bevölkerung werden explizit nicht gestellt

Diskussion zeigt die Spannungen zwischen ökonomischen und politischen Aspekten von Good Governance, es werden aber keine präzisen Kriterien zur Definition des Begriffs definiert

Fokus liegt auf Staat und seinen Institutionen (Ziel: Sicherung von Transparenz, Zugang und guten Managementfähigkeiten)

Nach einiger Zeit wurde Weltbank klar, dass sozio-kultureller und politischer Hintergrund der Entwicklungsländer die Agenda von Entwicklungshilfe bestimmen und nicht die Vorlieben der Geberstaaten → Demokratie, Mehrparteiensysteme und Reformen der Politikstrukturen sind der zukünftige Schwerpunkt

Kritik: Gibt immer noch keinen Konsens zur Definition von allgemeinen Zielen von Good Governance, Verteilung von Entwicklungshilfe geschieht aufgrund politischer Vorlieben unter Deckmantel von Good Governance

Fazit: Geschichte und Kultur des Entwicklungslandes müssen ausschlaggebend sein bei Governance-Reformen → Wenn Weltbank darauf nicht mehr Wert legt, ist Erfolg ihrer Hilfsmaßnahmen fraglich

IWF und Good Governance
Zwei Faktoren bestimmen Governance-Agenda des IWF: Öffnung der Finanzmärkte und verschiedene politische Konsequenzen bei der strukturellen Anpassung in 1980er Diskussion wurde hauptsächlich von Finanzexperten bestimmt
1997: IWF betont, dass schlechte Governance große Auswirkungen auf makroökonomische Situation des Landes hat
Kritik, dass IWF-Governance-Ansatz sich nur auf Schwellenländer konzentriert (Ansatz war vom Executive Board des IWF gesteuert, Entscheidungen reflektierten nicht den Bedarf von Entwicklungsländern sondern eher die Interessen der Industrieländer)
Beispiele wie Indonesien zeigten, dass IWF-Governance-Strategie nicht funktioniert wenn nicht auch nationale Regierung ins Boot geholt wird → Entscheidungen des IWF zur Ausrichtung des Governance-Ansatzes im jeweiligen Entwicklungsland müssen sich an Geschichte und Kutlr des Landes ausrichten

USA und Good Governance
1998: Konzept der US Aid agency beschreibt vier Kategorien der Governance-Aktivitäten: Rechtsstaatlichkeit, Wahlen, Zivilgesellschaft und Regierungsfähigkeit
Mit Maxime dass Regierung nur auf transparente, gleichberechtigte und demokratische Art funktionieren kann, formulierten sie für ihre Governance-Arbeit fünf Bereiche: Demokratische Dezentralisierung, Stärkung der Legislative, Integrität der Regierung, Politikumsetzung und zivil-militärische Zusammenarbeit
US AID definierte 9 Prinzipien von Entwicklungshilfe wie ökonomisches Wachstum, Demokratie, …
USA koordinieren Entwicklungshilfe mit anderen Geberländern, regionalen Organisationen und multinationalen Organisationen wie der Weltbank

Fazit
Nach Negativbeispielen in Afrika hat sich gezeigt, dass Bedingtheit von Entwicklungshilfe auch negative Aspekte hat (nationale Regierung wird ausgehöhlt, Rentseeking)
Für Erfolg von Governance-Reformen müssen Regierung und Institutionen im Land gestärkt und demokratisiert werden
Es ist unmöglich, ökonomische und politische Aspekte von Governance klar abzugrenzen, trotzdem müssen bessere Definitionen gefunden werden
Good Governance-Konzepte funktionieren nur, wenn historischer und kultureller Kontext beachtet werden
Ohne effektive Beteiligung der nationalen Regierungen kann Entwicklungshilfe nicht die angestrebten Ziele erreichen

Kaufmann, Daniel: 10 Myth about Governance and Corruption
Governance und Korruptionsbekämpfung sind das gleiche
Definition Governance: Strukturen und Institutionen der Regierung
Beinhaltet politische (Prozess wie politische Macht verteilt wird), ökonomische (Fähigkeit der Regierung ihre Ressourcen zu managen) und institutionelle Dimension
Definition Korruption: Missbrauch des öffentlichen Amtes für private Bereicherung

Governance und Korruption können nicht gemessen werden
Weltbank hat Indikatoren für Governance entwickelt für mehr als 200 Länder
Indikatoren enthalten sechs Dimensionen von Governance: Zugang, politische Stabilität und Abwesenheit von Terror und Gewalt, Effektivität der Regierung, Regulierungsqualität, Rechtssicherheit, Korruptionskontrolle

Bedeutung von Governance und Korruptionsbekämpfung ist überbewertet
Forschung hat gezeigt, dass Entwicklungsländer durch gute Governance-Strukturen bessere ökonomische Ergebnisse erzielen sowie Kindersterblichkeit und Analphabetentum verbessern können

Governance ist nicht der einzige Faktor für Entwicklung, wenn aber bereits politische Strukturen schlecht sind, dann ist Entscheidungsfindung in anderen Bereichen ebenfalls beeinträchtigt

Governance ist ein Luxus den sich nur reiche Länder leisten können
Folgen von Bad Governance wie Korruption hängen nicht mit niedrigen Einkommen zusammen → Gute Governance und ökonomisches Wachstum hängen kausal miteinander zusammen

Governance zu verbessern braucht mehrere Generationen
Es ist abhängig von Strukturen des jeweiligen Landes, wie schnell Governance verbessert werden kann (gibt Beispiele für schnelle und langsame Änderung) → Hängt auch von externen Einflüssen ab (Krieg,...)

Geberländer können Projekte in besonders korrupten Ländern gesondert vorhalten
Nur wenn es einen umfassenden Governance-Ansatz gibt (und keine isolierten Projekte) ist Erfolg wahrscheinlich

Korruptionsbekämpfung durch Aufbau von Initiativen und Agenturen
Solche Projekte haben eher keinen Einfluss auf Korruptionsbekämpfung, sind eher Beweise für Regierungen um zu zeigen, dass sie etwas tun
Schuld an Misere ist Verwaltungssektor der Entwicklungsländer
Ist einfach, alle Schuld auf Verwaltung zu schieben, Realität ist aber viel komplexer: Starke Wirtschaftsvertretungen oder Militär üben dauerhaft Einfluss auf Strukturen und Prozesse der Verwaltung aus (erobern die Verwaltung)

Länder können nur sehr wenig tun um ihre Governance zu verbessern
Historische und kulturelle Faktoren begrenzen sicherlich Möglichkeiten der Länder, aber es gibt auch kleine Schritte (Stärkung der Frauenrechte), die Länder ohne Probleme machen können

Organisationen für Entwicklungshilfe können nicht viel tun
Gibt sicherlich Bereiche, auf die EZ-Organisationen keinen Einfluss haben (Stärkung von demokratischen Wahlverfahren), aber andere können gut von ihnen gemacht werden (Freiheit der Medien stärken, Korruptionsbekämpfungsprogramme,..)

III Förderung von Good Governance: Instrumente, Erfolg und Misserfolg

Stephan Knack: Aid Dependence and the Quality of Governance: A Cross-Country Empirical Analysis
Good Governance in Form von Institutionen, die berechenbare und unabhängige Spielregeln für Investoren schaffen, ist Voraussetzung für schnelles und nachhaltiges Wachstum von Entwicklungsländern
Forschung: Externe Hilfe bringt nur positive Ergebnisse in Ländern mit Politikreformen und leistungsfähigen Institutionen

Wie externe Hilfe Governance beeinflussen kann
Länder die nur Rohstoffe exportieren haben ein eher niedrigeres Wachstum
Unerwartete Gewinne wie natürliche Ressourcen oder externe Hilfe können auch die Qualität von Institutionen verschlechtern
Frage nach Einfluss von externen Hilfen auf die Qualität von Governance im Entwicklungsland ist wichtig für das Auftreten von Armut
Übertragung der Strukturen von Institutionen aus Industrieländern auf Institutionen in Entwicklungsländern funktioniert nicht immer

Externe Hilfe kann politische Instabilität fördern, weil sich politische Eliten eher von externen Zahlungen abhängig machen und ihre Politik darauf ausrichten
Externe Hilfe unterbindet Entwicklung einer gesunden Zivilgesellschaft und Demokratisierung (auch in Monarchien war Ziel des Monarchen immer Gewinnung von Steuern, Krediten)
Anstrengungen von Politikern sind nur abhängig von externen Zahlungen (z.B. Aufbau neuer Institutionen), wenn Zahlungen enden, brechen auch neue Institutionen zusammen
Externe Hilfe fördert Rentseeking und Patronage

Daten zu externer Hilfe und Qualität von Governance
Qualität von Governance wird anhand eines Index des International Country Risk Guide (ICRG), der Risiken von Entwicklungsländern für potenzielle Investoren bereitstellt, gemessen (Faktoren: Korruption, bürokratische Qualität, Rechtswesen, GDP)

Auswirkung von Politik
Mehr externe Hilfe für Qualität von Governance könnte Strukturen verbessern (z.B. unabhängige Justiz)
Externe Hilfe sollte eher in Form von Haushaltsunterstützung oder Schuldenerlass bereitgestellt werden → Wenn Einsatz der externen Hilfen nicht von Geberländern überwacht wird, können politische Eliten der Entwicklungsländer dies z.B. in Aufbau der Verwaltung stecken anstatt damit der Bevölkerung zu helfen
Geberländer können auch Bevölkerung direkt unterstützen (z.B. durch Mikrokredite oder durch langfristige Maßnahmen um den privaten Sektor zu stärken

Wright, Joseph (2009): How Foreign Aid Can Foster Democratization in Authoritarian Regimes
- Wenn Diktatoren bei einer politischen Liberalisierung Chance sehen, trotzdem an der Macht zu bleiben, sehen fremde Hilfe zur Demokratisierung als Incentive → Effekte der Demokratieförderung werden also variieren (je nach Fähigkeit des Diktators, an politischer Macht zu bleiben)
- Gibt unterschiedliche Forschungsergebnisse zum Einfluss fremder Hilfe: Kann Demokratisierung fördern, erhöht aber auch Staatsausgaben bei gleichzeitiger Verringerung der landesinneren Staatseinnahmen (Grund: Unterschiedliche Modelle werden genutzt)

Theorie wie Entwicklungshilfe Demokratisierung unterstützt
- Zwei Faktoren bestimmen die Wahrscheinlichkeit, dass Diktoator an der Macht bleibt und Demokratisierung unterstützt:
  o Größe seiner Verbündeten (Netzwerk)
  o Wirtschaftliches Wachstum (sichert Wiederwahl)
- Wird davon ausgegangen, dass Diktatoren grundsätzlich Entwicklungshilfe erhalten und an der politischen Macht bleiben wollen
- Demokratisierung wird durch Regime-Transition zu Demokratie gemessen

Ergebnisse:
- Zusammenhang zwischen Entwicklungshilfe und Wachstum ist negativ (besonders in militärischen Regimen, nutzen Entwicklungshilfe eher um demokratische Entwicklungen zu unterdrücken) → Wenn Wachstum ausbleibt, ist Demokratisierung unwahrscheinlich

Endogenität (von innen heraus induziert)
- Geber verringern Entwicklungshilfe wenn sich antidemokratische Entwicklungen oder politische Krisen andeuten

Diskussion
- Kritiker von Entwicklungshilfe sagen, dass diese Diktatoren künstlich länger im Amt lässt (z.B. Zaire, Diktator bleibt durch westliche Hilfe an der Macht), aber: Gibt auch Fälle, wo Diktatoren trotz fremder Hilfe gestürzt wurden

- Wichtig bei dieser Frage ist auch Ziel des Geldgebers: Bilaterale Geber neigen dazu, Geld eher an Handelspartner, ehemalige Kolonien oder strategische Partner zu geben, multilaterale Organisationen unterstützen eher Länder mit positiver Entwicklungsgeschichte und politischer Stabilität
- Folge: Hilfe an schlecht-regierte Staaten hat eher Form von Katastrophenhilfe, bei stabilen Regierungen ist es eher Entwicklungshilfe
- Während Phase des kalten Krieges diente Entwicklungshilfe oft dazu, die Hilfe des jeweiligen Gegners (Kommunisten, Westen) zu nivellieren

Grävingholt, Jörn et al. (2009): Demokratieförderung: Quo vadis?
In 1990er entwickelte sich Demokratieförderung zu Schwerpunkt der westlichen Entwicklungspolitik
Heute umfasst Demokratieförderung jährliches Volumen von 10 Milliarden Euro (Zehntel der weltweiten Entwicklungshilfe)
Mittlerweile negative Tendenz: Gegenüber Vergangenheit haben sich Gewährleistung politischer Rechte und bürgerlicher Freiheiten als Gradmesser demokratischer Grundbedingungen verschlechtert
Mehrheit der Staatenwelt ist nur teilweise oder nicht frei → Demokratisierungswelle die bis in erste Hälfte des 21. Jahrhunderts reichte ist abgeebbt, autoritäre Regime (China, Iran) haben überlebt und sich als immun gegen externen Druck erwiesen (üben sogar ökonomischen Einfluss auf andere Länder aus um dort Demokratisierung zu verhindern)
Demokratieförderung kann zwar Beitrag zur Demokratisierung leisten, letztendlich liegt die Verantwortung dafür aber in Hand der nationalen Regierungen (einziger positiver Anreiz ist in Aussicht gestellte EU-Mitgliedschaft)
Definition Demokratieförderung: Nicht-militärische Instrumente die Etablierung, Stärkung oder Wiederherstellung demokratischer politischer Ordnung zum Ziel haben
Zwei Begründungen warum Demokratie extern gefördert werden sollte (trotz innerer Souveränität der Nationalstaaten): Ist zentrale Voraussetzung für nachhaltige Entwicklung, Frieden und Sicherheit, Demokratie ist einziges Regierungssystem, das grundlegende universelle Rechte gewährleisten kann (normativ)
Probleme von Demokratieförderung: erfordert massive makropolitische Umwälzungen (Veränderung der politischen Machtverteilung), Elemente der Demokratie sind von verschiedenen Kontextbedingungen abhängig
Vier Ebenen der Herausforderungen der Demokratieförderung:
Verfügbares Wissen über Ablauf und Bedingung von Demokratisierung
Politische Entscheidungen auf Seiten Demokratie fördernder Länder
Konzeption und Umsetzung von Demokratieförderung
Wirkungsmessung
Faktoren wie Zeitpunkt, Akteurskonstellationen und Institutionen sind entscheidend für Erfolg der Demokratisierung → Gibt aber keine verlässlichen Forschungsergebnisse
Effektive Konfliktförderung braucht auch Konfliktbereitschaft gegenüber autoritären Staatseliten, Interessen im Geberland und Gebern mit anderen Interessen
Lokale Macht- und Akteurskonstellationen und informelle regeln und Prozesse müssen berücksichtigt werden (Konzepte müssen auch flexibel anpassbar sein)

Vier politische Kontexte, die Demokratieförderung mit unterschiedlichen Kontexten konfrontieren:
Länder in Transition: Entscheidung zur Demokratisierung ist gefallen, Regeln des politischen Übergangs sind aber noch nicht definiert → Alte autoritäre Eliten können aus Angst vor schwindenden Privilegien zu Veto-Spielern werden (ihre Integration in neue Demokratie ist große Herausforderung)
Junge Demokratien: Transition ist abgeschlossen, politische Grundregeln sind da
Stabil autoritäre Regime: Gibt demokratische Fassaden, aber autoritäre Eliten kontrollieren den politischen Prozess → Aufgabe der Demokratieförderung ist Öffnung des Regimes zugunsten von Pluralität und Meinungsvielfalt (Verbesserung Menschenrechte und Rechtsstaatlichkeit)

Fragile und zerfallende Staaten: Mangelnde staatliche Handlungsfähigkeit ist Problem, externe Unterstützung muss dies zunächst sicherstellen → Aufbau staatlicher Institutionen muss langfristig mit demokratischer Regierungsführung kompatibel sein

Fazit
1. Bisher keine systematischen Nachweise, dass Demokratieförderung wirksam ist
Problem der Kausalität: Welche Ereignisse lassen sich auf welche Maßnahmen zurückführen?
Drei Herausforderungen für erfolgreiche Demokratieförderung:
Kenntnis des Ziellandes (Funktionsweise und Charakter der herrschenden politischen Ordnung und ihrer Akteure)
Konsistente Strategien (Elemente müssen aufeinander abgestimmt sein)
Glaubwürdigkeit (ähnliche Fälle müssen auch ähnlich behandelt werden, Demokratieförderung nicht opportunistisch verfolgen)

GTZ: Staatsentwicklung im Kontext fragiler Staatlichkeit und schlechter Regierungsführung. Lernerfahrungen der deutschen Entwicklungszusammenarbeit
2. Zentrales Thema der Länderstudien: Erfahrungen, die Entwicklungszusammenarbeit (EZ) hinsichtlich Staatsentwicklung vorweisen kann → Fokus der Untersuchung: Maßnahmen zur Stärkung der Schnittstellen von Staat und Gesellschaft
3. Jede Studie hatte spezifischen Fokus:
   o Beziehung zwischen Zivilgesellschaft und Staat (DR Kongo)
   o Staatsentwicklung durch einen subnationalen Ansatz (Nepal)
   o Möglichkeit, politischen Wandel in autoritärem Kontext allein über zivilgesellschaftliche Organisationen zu fördern (Simbabwe)
   o Inklusion Jugendlicher (Sierra Leone)
   o Parallelmächte zum Staat (Guatemala)
   o Justizreformen, die bilateral und regional unterstützt werden (Südkaukasus)

Rahmenbedingungen der Partnerländer für EZ und Rolle externer Akteure im Staatsentwicklungsprozess
- BMZ-Konzept: Entwicklungsorientierte Transformation bei fragiler Staatlichkeit und schlechter Regierungsführung
- Governance-Niveau repräsentiert Art und Weise, wie im Staat Entscheidungen getroffen und umgesetzt werden, wobei staatliche Leistungsfähigkeit und Legitimität die wichtigsten Orientierungspunkte darstellen
- Entwicklungsorientierung: Dialog- und Reformbereitschaft der Regierung

Fallstudien umfassen vier Länder mit niedrigem Governance-Niveau:
- DR Kongo ist extrem fragiler Staat, Lage ist politisch angespannt, zugleich besteht eine hohe Abhängigkeit von Gebern, bei denen neben OECD-Staaten zunehmend auch die VR China wichtige Rolle spielt. Trend der Regierungsführung ist jedoch eher positiv
- Nepal: Armes Land, das von deutlicher Verschlechterung der Governance-Werte nach 1996 geprägt ist, die maßgeblich durch Gewaltkonflikt bedingt ist. Bei Staatsentwicklung in Post-Konflikt-Phase nach 2006 engagieren sich ausgewählte Geber, unter denen Abstimmung grundsätzlich möglich erscheint. Derzeit verbessert sich Regierungsführung wieder
- Sierra Leone ist weiterhin sehr fragil, aber Entwicklungsorientierung ist positiv. Besondere Aufmerksamkeit verdient marginalisierte ländliche Jugend, die teilweise in die periurbanen Regionen gezogen ist
- Simbabwe ist autoritärer, „starker" Staat mit ehemals mittlerem Governance-Niveau, das sich in deutlichem Niedergang befindet. Regierungsführung in Simbabwe verschlechtert sich weiterhin; Trendumkehr ist derzeit nicht erkennbar

Länder mit mittlerem Governance-Niveau:
- Guatemala: Formaldemokratische Institutionen mit hartnäckigen Hybridstrukturen. Fehlendes staatliches Gewaltmonopol und substanzielle Auszehrung rechtsstaatlicher Institutionen werden insbesondere durch sogenannte Parallelmächte genutzt
- Länder des südlichen Kaukasus schwanken zwischen autoritären Regimen und Demokratisierung, Trend der Regierungsführung ist in Aserbaidschan stagnierend, in Georgien und Armenien positiv

Ergebnisse der Lernerfahrungen: Schnittstellen von staatlichen und nichtstaatlichen Akteuren
Staatlicher Bereich
- Entwicklungszusammenarbeit mit staatlichen Strukturen war in allen Einzelfällen schwierig, wenn auch Art und Ausmaß der Probleme sich deutlich unterschieden
- Besonders problematisch: Situation, in der es politischen Eliten an Reformwillen mangelt (wie in autokratischen Systemen in Simbabwe, Armenien oder Aserbaidschan)
- DR Kongo: Verfassungsrechtlich legitimierte, staatliche Positionen sind für politische Eliten zentrales Mittel zur (illegalen) Bereicherung → Für internationale EZ erzeugt dies ständige Gefahr des Missbrauchs und der Aushöhlung von rechtsstaatlichen Strukturen und Verfahren
Lernerfahrung:
- Selbst bei Ländern mit autokratischen Regimen sollte Kontakt zu ausgewählten staatlichen Stellen nach Möglichkeit bestehen bleiben → Reformorientierte Akteure identifizieren, die Wandel stützen bzw. vorantreiben können
- In reformunwilligen Partnerländern stellt Zusammenarbeit mit unteren und mittleren Rängen der Verwaltung mögliche Übergangsalternative dar, vollständiges Ausweichen auf zivilgesellschaftliche Akteure führt jedoch oft zum Aufbau von Parallelstrukturen
- Dezentralisierungsprozesse sind Chance und Risiko: Im Aufbau subnationaler Governance-Strukturen stecken Potenziale für inklusive Staatsentwicklung „von unten", bei der die politische Teilhabe der Gesamtbevölkerung im Vordergrund steht. Dezentralisierung kann aber ebenso konfliktverschärfend sein
- Blockadekräfte in Grauzone zwischen Legalität und Illegalität sind massives Hindernis für Reformen. Punktuelle technokratische Verbesserungen haben auf diese Problematik lediglich egrenzten Einfluss → Mittel- und langfristig muss Einfluss von Parallelmächten und halblegalen Netzwerken geschwächt und reformfreundliche Kräfte gestärkt werden

Nichtstaatlicher Bereich
- Deutsche EZ geht davon aus, dass Staatsentwicklungsprozesse nur nachhaltig sein können, wenn sie über reines Institution-building hinausgehen (müssen auch gesellschaftliche Verankerung dieser Institutionen umfassen)
- Zivilgesellschaft und Privatwirtschaft werden unabdingbare Partner der Reformprozesse respektive der Entwicklungszusammenarbeit
- NROs erfüllen wichtige Funktionen: Entstehen oft dezentral als Reaktion auf Probleme, die von der Bevölkerung als besonders dringend wahrgenommen werden
- Wegen ihrer formalen Unabhängigkeit und thematischen Spezialisierung können sie Handlungen des Staates auf bestimmten Gebieten beobachten und so Staatsentwicklungsprozesse kritisch begleiten (watchdog-Funktion)
- NRO dienen auch als Partner in Durchführung einzelner Projekte, wo Staat nicht über ausreichende Leistungsfähigkeit oder politischen Willen verfügt
- NRO-Landschaft ist in sechs Fällen generell eher schwach (in manchen Staaten gehören sie sogar zur klientelistischen Elite des Landes)
- NROs erreichen meist nicht nötige „Masse", um auf nationaler politischer Ebene signifikanten Einfluss auszuüben
Lernerfahrung:
- Zivilgesellschaftliche Organisationen sind essenziell, um Reformprozesse gesellschaftlich zu verankern und erfolgreich umzusetzen. Ihre Unterstützung sollte aber nicht zum Auf-

bau von nichtstaatlichen Parallelstrukturen führen. Geber sollten bei Zusammenarbeit mit zivilgesellschaftlichen Organisationen immer auf bestehende Strukturen zurückgreifen
- Auch Kooperation mit „klassischen" Institutionen wie Verbänden, Gewerkschaften und Medien ist wichtig (Partner müssen möglichst hohes Maß an gesellschaftlicher Verankerung aufweisen)
- Staatliche und nichtstaatliche Akteure verfolgen jeweils eigene Agenden. Wo diese reformorientiert sind, sollte Geberunterstützung ansetzen
- Zusammenarbeit mit Privatwirtschaft kann in bestimmten Kontexten zur Armutsbekämpfung und weiteren entwicklungsorientierten Zielsetzungen beitragen. Anstelle der direkten Förderung einzelner Wirtschaftstätigkeiten ist Unterstützung von Multiplikatoren (Verbänden) erfolgreicher
- In vielen Entwicklungsländern erfüllen traditionelle Autoritäten wichtige Funktionen für das Alltagsleben vieler Bürger, die andernorts vom Staat oder zivilgesellschaftlichen Organisationen übernommen werden

Interaktions- und Kooperationsräume zwischen staatlichen und nichtstaatlichen Akteuren
- Staatsentwicklung kann nur erfolgreich sein, wenn sie gesellschaftlich verankert ist → EZ muss an jeweilige Ausgangssituation angepasst werden: In konfrontativen Beziehungen ist bereits Herstellung von Kontakten und vertrauensbildende Maßnahmen ein Erfolg, in Ländern, die von guten Beziehungen gekennzeichnet sind, sind stärker institutionalisierte und weiter reichende Maßnahmen möglich
- Negative Erfahrungen in DR Kongo: Ausschließliche Abwicklung von EZ über internationale wie nationale NRO
- Bei Privatwirtschaft muss Übermaß an staatlichen Eingriffen vermieden werden
- Politische Eliten versuchen oft, Kontrolle über ertragreiche Unternehmen und strategische Ressourcen zu erlangen (zur illegalen Bereicherung und um Entstehung alternativer Machtzentren in der Gesellschaft zu unterbinden)

Lernerfahrung:
- Dialogprozesse zwischen Staat und Gesellschaft sind sinnvoll, wenn rudimentäres Vertrauensverhältnis existiert und vereinbarte Politiken auch implementiert werden
- Existenz dezentraler Interaktionsräume sollte selbst unter ungünstigsten Rahmenbedingungen solange wie möglich gefördert werden
- Staatliche Stellen können versuchen, Interaktionsräume für „Übernahme" privatwirtschaftlicher Akteure zu missbrauchen

Ziele von und Anforderungen an Staatsentwicklung
- Simbabwe: Anliegen der EZ ist im Land zu bleiben (stay engaged), um Bevölkerung humanitär zu versorgen sowie um politischen Wandel und Phase „danach" unterstützen zu können
- Sierra Leone: Wirtschaftlicher Wiederaufbau ist zentrale polit-ökonomische Voraussetzung für Gelingen von Staatsentwicklung
- Angesichts der Vielfalt möglicher Ansatzpunkte erscheint es sinnvoll, zwischen unmittelbaren Strategien der Staatsentwicklung und Maßnahmen zu unterscheiden, die auf grundlegende sozio-ökonomische oder auch sozio-kulturelle Voraussetzungen von Staatsentwicklung abzielen
- DR Kongo: Prioritäre Maßnahmen der Staatsentwicklung sind Reform des Sicherheitssektors, Erhöhung der Transparenz und besseres Management der Staatsfinanzen und der natürlichen Ressourcen
- Post-Konflikt-Situationen dürfen nicht als reines Übergangsstadium von Krieg zu Frieden verstanden werden → Sind eigener sozialer Raum, in dem interne und externe Einflüsse zu massiven Brüchen und Konfliktlinien innerhalb der Gesellschaft führen
- Zentrale Herausforderung in Post-Konflikt-Kontexten ist Balance zwischen kurz- und langfristigen Maßnahmen
- Kurzfristige Maßnahmen sind notwendig: Bevölkerung befindet sich oft in Notlage, die schnell behoben werden muss, um humanitäre Katastrophen zu verhindern

- Post-Konflikt-Situationen sind windows of opportunity, in denen Geber auf grundsätzliche Veränderung des Entwicklungspfades des Landes einwirken können
- Regierung des Partnerlandes und Geber müssen schnelle Erfolge vorzeigen können, um Kooperation im Geber- und im Empfängerland zu legitimieren
- Langfristige Maßnahmen sind für grundsätzliche Transformation hin zu einer gewaltfreien und verregelten Konfliktaustragung notwendig
- Keine Gleichberechtigung: In keinem der Länder haben alle vertretenen Gruppen gleichen Zugang zu den Ressourcen politischer oder wirtschaftlicher Macht
- Statt direkter Förderung einzelner Gruppen ist Gesamtansatz besser, der allen gesellschaftlichen Gruppen Anreize zur Kooperation und gegenseitigen Integration bietet

Lernerfahrung:
- Staatsentwicklung ist grundsätzlich ein langfristiger Prozess. Welche Kernfunktionen und institutionelle Leistungsfähigkeit besondere Unterstützung brauchen, kann nur aufgrund einer detaillierten Einzelfallanalyse bestimmt werden
- Ziel von Staatsentwicklungsmaßnahmen muss Stärkung staatlicher und gesellschaftlicher Strukturen und Intensivierung der Interaktion dieser beiden Sphären sein
- Staatsentwicklung ist kontextabhängig: In Post-Konflikt-Situationen ist Kontext sehr schnellen Veränderungen unterworfen und Vielzahl von Herausforderungen muss gleichzeitig angegangen werden → Flexibler Mix von kurzfristig wirksamen Maßnahmen mit länger- und langfristig wirksamen Maßnahmen ist notwendig
- Auf lokaler Ebene gibt es selbst unter schwierigen Verhältnissen positive Erfahrungen mit Staatsentwicklungsprozessen „von unten" an Schnittstelle zwischen staatlichen und (zivil) gesellschaftlichen Akteuren
- Dauerhafte Einbeziehung einer möglichst großen Zahl unterschiedlicher sozialer Gruppen erhöht Akzeptanz von Staatlichkeit und befördert ihre Stabilisierung
- EZ sollte versuchen, „moderate Blockierer" fallweise durch klare Anreize zur Unterstützung von Reformen zu bewegen und Hardliner zu isolieren

Internationale und regionale Dimension
Lernerfahrung:
- EZ findet nicht im politischen Vakuum statt: EZ-Interessen überlappen sich und kollidieren sogar stellenweise mit anderen Geberinteressen sowie mit Einflüssen aus der Sicherheits-, Außen- und Wirtschaftspolitik
- Interessen dritter Staaten müssen in der Planung ebenfalls berücksichtigt werden
- Im Kontext fragiler Staatlichkeit ist es Herausforderung, Geberstrategien für ein einziges Land ausreichend abzustimmen
- Äußerst schwierig, in multilateralen Foren insbesondere Regional- und Großmächte von einer Änderung ihrer Politik zu überzeugen

EU: Abkommen von Contonou
Ziel:
- Schaffung eines neuen Rahmens für Zusammenarbeit zwischen AKP-Staaten und EU
- Abkommen soll wirtschaftliche, kulturelle und soziale Entwicklung der AKP-Staaten fördern und Beitrag zu Frieden und Sicherheit und zur Förderung eines stabilen und demokratischen politischen Umfelds leisten
- Hauptziele des Abkommens: Eindämmung und Besiegung der Armut, schrittweise Integration der AKP-Staaten in Weltwirtschaft im Einklang mit Zielen der nachhaltigen Entwicklung

Konzept
- Ausweitung der politischen Dimension, Gewährleistung einer neuen Flexibilität und Übernahme von mehr Eigenverantwortung durch AKP-Staaten
- Konzept stützt sich auf drei Hauptdimensionen (politische, handelspolitische und entwicklungspolitische Dimension)
- Abkommen wurde für 20 Jahren geschlossen und enthält Resivisionsklausel, nach der Überprüfung des Abkommens alle fünf Jahre möglich ist

Partnerschaft stützt sich auf fünf Säulen:

1. **Säule: Umfassende politische Dimension**
- Politischer Dialog
- Politik der Friedenskonsolidierung und der Konfliktprävention und –Beilegung
- Achtung der Menschenrechte, der demokratischen Grundsätze auf der Grundlage des Rechtsstaatsprinzips sowie transparente und verantwortliche Staatsführung
- Verantwortliche Staatsführung: Kommt bei schweren Fällen von Korruption zur Anwendung (in allen Ländern, in denen EU Finanzhilfe leistet und in denen sich Korruption entwicklungshemmend auswirkt)

2. **Säule: Förderung partizipatorischer Ansätze**
- Abkommen weist nichtstaatlichen Akteuren (privater Sektor, Wirtschafts- und Sozialpartner) wichtige Rolle bei Gestaltung und Umsetzung der Entwicklungsstrategien und Programme zu
- Rolle der Zivilgesellschaft ist ganz besonders wichtig und auch NROs müssen gestärkt werden

3. **Säule: Entwicklungsstrategien und Konzentration auf Ziel der Armutsbekämpfung**
Schwerpunkt liegt auf drei Bereichen der Zusammenarbeit unter gleichzeitiger Berücksichtigung des übergeordneten Ziels der Armutsbekämpfung:

Wirtschaftliche Entwicklung
- Investitionen und Entwicklung der Privatwirtschaft
- Gesamtwirtschafts- und Strukturreform und –politik
- Sektorpolitische Maßnahmen

Soziale und menschliche Entwicklung
- Sektorpolitische Maßnahmen im Sozialbereich, des Bildungs- und des Gesundheitssystems und der Ernährung sowie Integration bevölkerungspolitischer Fragen in die Entwicklungsstrategien)
- Jugendfragen (Schutz der Rechte der Kinder und Jugendlichen)
- Kulturelle Entwicklung

Regionale Integration und Zusammenarbeit
- Diversifizierung der Wirtschaft der AKP-Staaten beschleunigen
- Handel zwischen und in den AKP-Staaten und zwischen diesen und Drittländern - auch zugunsten der am wenigsten entwickelten AKP-Staaten fördern und ausweiten
- Sektorbezogene Reformpolitik auf regionaler Ebene durchführen

Berücksichtigung von 3 Querschnittsfragen in allen Bereichen der Zusammenarbeit:
- Gleichstellung von Männern und Frauen
- Nachhaltige Umweltpflege
- Entwicklung der Institutionen und Ausbau der Kapazitäten

4. **Säule: Schaffung eines neuen Rahmens für die wirtschaftliche und handelspolitische Zusammenarbeit**
- Ziel: AKP-Staaten sollen in vollem Umfang am Welthandel teilnehmen können
- Abkommen sieht Aushandlung einer neuen Handelsregelung mit Ziel der Liberalisierung des Handels vor
- Handelsrelevante Bereiche: Schutz der Rechte an geistigem Eigentum, Handel und Arbeitsnormen
- Handelsaussichten für die am wenigsten entwickelten AKP-Staaten verbessern

5. **Säule: Reform der finanziellen Zusammenarbeit**
Leitgrundsätze:
- Kohärenz, Flexibilität und Effizienz werden durch Einzelprogrammierung je Land oder Region verbunden mit regelmäßig erfolgenden Überprüfungen sichergestellt

- Weiterentwicklung der Art der Hilfe hin zu Programmen, die Haushaltszuschüsse oder sektorbezogene Hilfe beinhalten
- Richtbeträge, und kein wohlerworbener Anspruch
- Umfassendes Konzept, Einbeziehung nichtstaatlicher Akteure
- Dialog auf örtlicher Ebene, zeitliche Planung und Koordinierung im Vorfeld

- Um Prozess zu vereinfachen und Finanzierung flexibler zu gestalten, ist Rationalisierung der Kooperationsinstrumente geplant (Europäischer Entwicklungsfonds (EEF))

Mittel des EEF werden mit Hilfe von zwei Instrumenten bereitgestellt:
- Nichtrückzahlbare Zuschüsse: Anteil dieser Zuschüsse: 11,3 Milliarden Euro, wovon 1,3 Milliarden Euro für Regionalprogramme bestimmt sind (werden gemeinsam von der Kommission und den AKP-Staaten verwaltet), jedes Land erhält einen Pauschalbetrag
- Risikokapital und Darlehen für Privatwirtschaft: 2,2 Milliarden Euro, wird von der Europäischen Investionsbank verwaltet, Bank kann Investitionen in Form von Darlehen, Eigenmitteln und Quasi-Eigenmitteln vornehmen und Garantien zur Unterstützung einheimischer oder ausländischer Privatinvestitionen leisten

Reform des Programmierungssystems
- AKP-Staaten wird größere Verantwortung übertragen; wird vor allem durch Einführung der gleitenden Programmierung erreicht, mit der das Konzept der nichtprogrammierbaren Hilfe abgeschafft wird (einseitig von der Gemeinschaft programmierte Hilfe)
- Programmierungsprozess ist ergebnisorientiert → Auf Finanzhilfe in Höhe eines festen Betrages besteht kein automatischer Anspruch mehr
- Wichtigstes Instrument zur Programmierung der nichtrückzahlbaren Hilfe ist länderspezifische Förderstrategie (LFS) → Wird für jeden AKP-Staat gemeinsam von Kommission und dem betreffenden Staat ausgearbeitet
- Im jährlichen Überprüfungsverfahren ist Anpassung der länderspezifischen Förderstrategie, des operativen Richtprogramms oder der bereitzustellenden Mittel möglich

Folgende Finanzmittel stehen zur Verfügung:
- Europäischer Entwicklungsfonds (EEF) : 13,5 Milliarden
- Restbeträge aus den früheren EEF : +9,9 Milliarden
- Eigenmittel der Europäischen Investitionsbank (EIB) : 1,7 Milliarden
- Finanzprotokolle werden für jeweils fünf Jahre geschlossen

INSTITUTIONELLE BESTIMMUNGEN
- Die mit früheren Abkommen von Lomé geschaffenen gemeinsamen Organe für Zusammenarbeit werden beibehalten

Ministerrat
- Setzt sich aus Mitgliedern des Rates der Europäischen Union und Mitgliedern der Europäischen Kommission und je einem Mitglied der Regierungen der AKP-Staaten zusammen

Aufgabe:
- Politischen Dialog führen
- Politischen Leitlinien festlegen und die für Durchführung des Abkommens erforderlichen Beschlüsse fassen
- Fragen prüfen und klären, die die Durchführung des Abkommens behindern könnten
- Für reibungsloses Funktionieren der Konsultationsmechanismen sorgen

Botschafterausschuss
- Unterstützt den Ministerrat
- Setzt sich aus Ständigen Vertretern der Mitgliedstaaten bei der Europäischen Union und einem Vertreter der Kommission und Leitern der Missionen der AKP-Staaten bei der Europäischen Union zusammen

Paritätische Parlamentarische Versammlung
- Beratendes Organ, das sich zu gleichen Teilen aus Vertretern der Europäischen Union, Mitgliedern des Europäischen Parlaments und Vertretern der AKP-Staaten zusammensetzt
- Vertreter der AKP-Staaten sind Mitglieder der Parlamente
- Versammlung kann Entschließungen verabschieden und Empfehlungen an Ministerrat aussprechen

BESTIMMUNGEN FÜR DIE AM WENIGSTEN ENTWICKELTEN AKPSTAATEN, DIE AKP-BINNENSTAATEN UND DIE AKP INSELSTAATEN
- Unabhängig von spezifischen Maßnahmen und Bestimmungen des Abkommens gilt hinsichtlich dieser Länder die besondere Aufmerksamkeit Bereichen wie Ausbau der regionalen Zusammenarbeit, Ausbau der Verkehrs- und Kommunikationsinfrastruktur und Umsetzung von Ernährungsstrategien

HUMANITÄRE HILFE UND SOFORTHILFE
- Vorgesehenen sind kurzfristige Maßnahmen, mit denen bei wirtschaftlichen und sozialen Schwierigkeiten, die auf Naturkatastrophen oder auf von Menschen ausgelöste Krisen wie Krieg zurückzuführen sind, Hilfe geleistet wird

VERSTOSS GEGEN DIE WESENTLICHEN ELEMENTE DES ABKOMMENS
- Artikel 96 des Abkommen legt fest, dass geeignete Maßnahmen getroffen werden können, wenn Vertragspartei eine Verpflichtung in Bezug auf wesentliche Elementen des Abkommens (Achtung der Menschenrechte, der demokratischen Grundsätze und des Rechtsstaatsprinzips) nicht erfüllt
- Abkommen sieht Konsultationsverfahren vor, um Abhilfe zu schaffen → Wird keine annehmbare Lösung gefunden, so können geeignete Maßnahmen getroffen werden, als letztes Mittel auch die Aussetzung der Anwendung des Abkommens

Taylor, Ian: Governance and the Relations between the European Union and Africa: The Case of NEPAD
- NEPAD: New Partnership for Africa's Development (2001 gegründet)
- Wurde unterstützt von G8-Ländern und EU
- Für EU war NEPAD ein weiterer Mechanismus für Zusammenarbeit mit Afrika (neben Abkommen von Cotonou) → unterstützt NEPAD weil es zu Millenium Goals der UN beiträgt
- 2006: EU veröffentlicht Dokument für einen harmonisierten Entwicklungsansatz innerhalb der EU (Aussage dass nachhaltige Entwicklung Good Governance, Menschenrechte und politische, soziale und ökologische Aspekte beinhaltet)
- Aber: EU-Engagement bei NEPAD zeigt wie unterschiedliche Vorstellungen von Governance aufeinandertreffen

NEPADs Inhalte
Programm basierte auf folgenden Prinzipien:
- Good Governance als grundlegende Voraussetzung für Frieden, Sicherheit und nachhaltige politische und sozio-ökonomische Entwicklung
- Partnerschaft zwischen afrikanischen Staaten
- Beschleunigung von regionaler und internationaler Integration
- Entwicklung einer neuen Zusammenarbeit zwischen Afrika und den Industrieländern
- Sicherstellung dass alle NEPAD-Initiativen im Einklang mit Millenium Goals und anderen Entwicklungszielen stehen
- Afrikanische Eliten akzeptieren globale Standards für Demokratie (Parteienpluralismus, Interessenvertretungen)

- Zentraler Inhalt von NEPAD ist Zusammenarbeit mit Industrieländern → Begriff der Entwicklungsbeziehungen war aber nur Versuch, europäische Bevormundung durch koloniale Strukturen zu verschleiern (asymmetrische Machtbeziehung wird beibehalten)
- Vor diesem Hintergrund ist es schwierig, gleichberechtigte Partnerschaft aufzubauen
- NEPAD war ein Deal zwischen Eliten: Afrikanische Führer wollen Anschluss nicht verlieren und vereinbaren dafür Good Governance, westliche Eliten können sich mit Wiederaufbau Afrikas schmücken
- Kernproblem der EU-NEPAD-Partnerschaft und dem afrikanischen Kontinent war, dass es kaum möglich ist, in solch einem Kontext (autokratische diktatorische Eliten) Ideen von Good Governance umzusetzen

Verhandlungen mit problematischen Partnern ("Big men")
- Problem der afrikanischen Staaten ist, dass regierenden Eliten auf Basis von Autokratie und Chaos regieren (Folge der Dekolonisierung)
- Gibt keine starke Zivilgeselllschaft, politisches System basiert auf Korruption (als Governance-Form)
- EU spricht von Governance im technischen Sinn und ignoriert die politische Dimension und die politischen Probleme → Nur kurzfristige finanzielle Erfolge zwischen afrikanischen Eliten und europäischen Organisationen sind durch NEPAD-Kooperation möglich

Beteiligung von China
- Eintritt von China in Afrika kann NEPAD und die EU-Governance-Projekte irrelevant machen → Chinas Engagement ist vergleichsweise enorm, ist größte Entwicklung in Afrika seit Ende des kalten Krieges
- China ist neue Kolonialmacht (beutet Ressourcen aus, überschwemmt Markt mit Billigprodukten, kümmert sich nicht um afrikanische Autokraten)
- Kann aber nur langfristig funktionieren, wenn sich China auch um politische Stabilität und Sicherheit kümmert (sonst sind Investitionen nicht sicher)
- China wird merken, dass ihren wirtschaftlichen Interessen am besten gedient ist, wenn Sicherheit gewährleistet ist (und das funktioniert besser mit guten Regierungsstrukturen als durch Unterstützung von Dikatoren)

Fazit
- Großes Problem bei Beurteilung NEPAD und das Engagement der EU ist, dass Projekt so vage formuliert ist
- Ist aus Sicht der EU sehr naiv, von autoritären Eliten, die ihre Regierung auf Korruption, Klientelismus und Patronage stützen, zu erwarten, nach EU-Maßgabe Good Governance einzuführen (würde für sie nur Nachteile bedeuten)
- Grundlegender Rahmen von NEPAD ist fraglich (externe Akteure haben Fähigkeit, Afrika zum guten zu wenden
- NEPAD verschleiert Realität: Westliche Wirtschaftsmächte sind über Nacht zu Entwicklungspartnern von Afrika geworden (strukturelle Abhängigkeiten werden einfach ignoriert)

IV Messung von Governance

Kaufmann, Daniel et al.: Governance Matters VIII. Aggregate and Individual Governance Indicators 1996-2008
- Worldwide Governance Indicators (WGI)
- Indikatoren messen sechs Dimensionen von Governance: Mitsprache und Beteiligung, politische Stabilität und Nichtvorhandensein von Gewalt, Effizienz der Regierung, regulative Qualität, Rechtssicherheit, Korruptionskontrolle
- Analyse umfasst 212 Länder im Zeitraum 1996-2008
- Daten stammen aus 35 verschiedenen Quellen von 33 verschiedenen Organisationen

- Ergebnisse der Studie zeigen, dass sich Governance ändert, auch in relativ kurzen Zeiträumen
- Definition der Begrifflichkeiten ist wichtig (z.B. Firmen treffen Investitionsentscheidung anhand dieser Daten)

Methodik und Datenquellen für 2008
- Definition Governance: Traditionen und Institutionen über die Macht im Staat ausgeübt wird (Prozess wie Regierung gewählt, kontrolliert und abgewählt wird, Kapazität der Regierung um politische Entscheidungen zu treffen, Respekt der Bevölkerung für Regierungssystem)
- Datenquellen: Untersuchungen von Firmen, Agenturen, NGOs, internationale Hilfsorganisationen, multilaterale Entwicklungsorganisationen, kommerzielle Datenbereitsteller (Beschreibung des wirtschaftlichen Risikos in bestimmten Ländern für potenzielle Investoren) → Datenquellen nehmen kontinuierlich zu
- Alle Daten werden in sechs Governance-Indikatoren abgebildet
- Nicht jedes Land taucht in jeder Datenquelle auf

Governance-Bewertung 1996-2008
- Indikatoren umfassen zwischen 208 und 212 Länder
- Alle sechs Indikatoren zusammenfassend haben 35% der Länder einen erheblichen Wandel in mindestens einem Indikator vollzogen
- 21% der Länder haben sich bei allen Indikatoren erheblich gewandelt
- Genauerer Blick zeigt, dass das Ausmaß der Veränderungen in den meisten Fällen sehr klein ist
- Autoren betonen, dass immer auch mögliche Fehler betrachtet werden müssen → Governance-Indikatoren sollen nicht alleine für mögliche politische Entscheidungen herangezogen werden, sondern um länderspezifische Analysen ergänzt werden

Langbein, Laura and Stephan Knack: The Worldwide Governance Indicators and Tautology: Causally Related Seperable Concepts, Indicators of a Common Cause or Both?
- These: Alle Governance-Indexe messen viel zu breit, sollten eher stärker zwischen den verschiedenen Aspekten von Governance-Qualität unterschieden
- Gefahr, dass viele die Daten der Analysen unkritisch übernehmen
- Autoren analysieren, ob WGI ein breites Konzept von Governance-Qualität beschreiben oder ob die Indikatoren separate, kausal zusammenhängende Konzepte sind
- Ergebnis: Indikatoren sind beides (breites Konzept und separate Indexe) → sagen das gleiche nur in verschiedenen Wörtern (Tautologie)
- Wird festgestellt, dass die sechs Indexe nicht sinnvoll zwischen den verschiedenen Aspekten von Governance unterscheiden
- Alle Indexe scheinen inhaltlich voneinander abhängig zu sein (z.B. Mitsprache und Beteiligung: Korruption geschieht immer im Verborgenen, das bedeutet es gibt Mängel bei Transparenz und Beteiligung → Indexe sind kausal verbunden, bzw. deren Definition)
- Kritik: Governance-Indikatoren fassen die große Zahl an Governance-Aspekten in wenigen Gruppen zusammen, wird nicht untersucht, ob das die richtigen sind, Indikatoren überlappen sich inhaltlich (Zusammenfassung bringt verfälschtes Ergebnis)
- Frage: Sind das wirklich unabhängige Indikatoren oder eher Aspekte von „Good Governance"?
- Studie: Alle Sechs Indikatoren zeigen eine hohe Beziehung zueinander (kleinste Übereinstimmung bei politischer Stabilität und Mitsprache und Beteiligung)

Fazit
- Sechs Indikatoren können nicht zwischen verschiedenen Modellen unterscheiden